现代生活百科书系

菌·藻养生手册

居家必备　简单实用小窍门
百病自诊　养生保健大智慧

顾奎琴　主编

农村读物出版社

顾奎琴　沈　卫　王明霞

高　英　张桂云　李春阳

编著

目　录

❀❀ 一、菌类保健与食疗 ❀❀

目

录

目录

❖❖ 二、藻类保健与食疗 ❖❖

目
录

5

❖❖ 三、保健食谱 ❖❖

四、滋补食谱

目录

目录

目录

目录

一、菌类保健与食疗

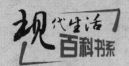

（一）香　菇

1. 来源与分布

香菇又名香蕈、冬菇、香信、香菌、香菰，为侧耳科植物香蕈的子实体。生长在栲、株、栗等阔叶树倒木上，被誉为"山珍"之一。子实体高 5～12 厘米，淡褐色，表面有一层鳞片，呈辐射状排列。菌柄弯生，呈圆筒状或扁平。我国是香菇的故乡，已有四千多年食用历史，早在《诗经》、《礼记》、《春秋》诸书中都有记载。据《庆元县志》记述，明太祖朱元璋建都南京时，正巧遇到旱灾。于是戒荤食素，祈求苍天下雨。他以往吃鸡、鸭、鱼、肉，面对满桌素菜则无从下筷，当厨师端上盘香气飘逸的香菇，朱氏品尝后食欲大开，不住地称赞。从此，传旨宫中常备香菇，香菇也由此身价百倍，成为著名的"宫廷贡品"。

香菇

香菇营养丰富，味道鲜美，自古被誉称"蘑菇皇后"，是益寿延年的上品。原为野生，现已广泛人工栽培。我国人工栽培香菇已有八百多年历史，是世界上最早栽培香菇的国家。按品论质，分为花菇、厚菇、薄菇三种。每种又可分为大菇、中菇、小菇，一般以中花菇质量最优，呈半球形状，菇边往里卷，呈霜白色或茶色，肉质丰厚，伞面花纹明显，呈菊花形，香气宜人最佳。其主产于浙江、福建、江西、安徽、广西、广东等地，其中以福建产量最多，安徽、江西质量最好。春、秋、冬季均可采收，洗净晒干或烘干备用。香菇是人们日常生活中的佳肴，备受男女老少青睐。

2. 营养成分

香菇不仅味美而且营养丰富，现代科学分析，每 100 克干品中含有水分 12.3 克，蛋白质 20 克，脂肪 1.2 克，膳食纤维 31.6 克，碳水化合物 30.9 克，胡萝卜素 20 微克，维生素 B_1 0.19 毫克，维生素 B_2 1.26 毫克，尼克酸 20.5 毫克，维生素 C 5 毫克，钙 83 毫克，磷 258 毫克，铁 10.5 毫克，锌 8.75 毫克。香菇还含有三十多种酶和 18 种氨基酸，人体必需的 8 种氨基酸中，香菇就含有 7 种。因此，香菇可作为人体酶缺乏症和补充氨基酸的首选食品。

3. 烹调方法

因香菇中富含谷氨基酸以及一般食品罕见的一些氨基酸，故而口味鲜美。香菇宜荤宜素，是烹制珍馐佳肴的绝好原料，既可作主料，又可用配料，适宜于卤、拌、炝、炒、烹、炸、煎、烧等多种烹调方法，所以可用香菇做出许多美味可口的菜肴，主要用于配制高级荤菜和冷拼、食疗菜肴。

4. 保健及药用功效

香菇入药始载于元代《日用本草》，中医认为其性平味甘无

毒，专入胃、肝二经。具有益气补虚，健脾胃，托痘疹等功效，适宜于年老体弱、久病体虚、脾胃虚弱、食欲不振、气短乏力、吐泻乏力、小便频数、痘疹不出、高血压、动脉硬化、糖尿病、佝偻病、高脂血症、便秘、贫血、肿瘤等病症患者用作辅助食疗。

现代医学研究证明，香菇中含有干扰素诱生剂，可以诱导体内干扰素的产生，具有防治流感的作用。香菇中还含有一种核酸类物质，可使皮肤皱纹和色斑消退，达到美容抗衰驻颜效果，可抑制血清和肝脏中的胆固醇增加，有阻止血管硬化和降低血压的作用。对于胆固醇过高引起动脉硬化、高血压病以及急慢性肾炎、尿蛋白以及糖尿病等患者，香菇无疑是食疗佳品。香菇中含有麦角固醇，经人体吸收后可转化为维生素 D，因而可以防治佝偻病和贫血。香菇中含有抗癌物质香菇多糖，动物实验证明，香菇多糖抑制肿瘤的作用与其能增加机体的细胞免疫和体液免疫功能有关。香菇中还含有 1，3-β-葡萄糖苷酶，能提高机体抑制癌瘤的能力，间接杀灭癌细胞，阻止癌细胞扩散。所以癌症患者手术后，如每天持续食用 10 克干品香菇，有防止癌细胞转移的作用。民间常用香菇煮粥，这对治疗消化道癌症、肺癌、宫颈癌、白血病有辅助治疗作用。据报道，20 世纪 70 年代后，有人调查发现波西美亚里人因经常食用野生香菇，竟无一人患癌症。日本科学家把鲜香菇浸出液，喂给移植了癌细胞的小白鼠，五周后，小白鼠体内的癌细胞全部消失。研究人员发现，健康人食用香菇，有提高免疫功能作用，在患癌症后，免疫功能受抑制时，食用香菇，更能使免疫功能增强。据日本科学家研究，从香菇菌丝体培养液中提取的一种多糖蛋白质，还可以用于治疗艾滋病。临床试验时，给患者每服 3 克，日服 3 次，取得较好疗效。

5. 食用禁忌

香菇作为菌类佳蔬，在国外还享有"植物皇后"之誉，不少国家视之为保健食物。但香菇性属黏滞，故脾胃有寒、中焦湿滞者，则当慎服。又因野生香菇与毒蕈容易混淆，毒蕈有八十余种，含毒蕈碱、毒蕈溶血素等，食之则引起中毒，严重者休克甚至丧命，故采摘时务必严格鉴别，以避免酿成后患。

6. 食疗方

（1）香菇配菜：患有高血压、高血脂者，可每天取香菇3～6朵，与其他菜相配，长期食用，有一定疗效。

（2）香菇猪肉：用干香菇9克或鲜香菇90克，与猪肉或牛肉共煎或炒食，经常食用可降低胆固醇，缓解动脉硬化和血管变脆。

（3）冰糖炖香菇：每天取3～6朵干香菇，水发后洗净，去蒂，加冰糖适量共炖，温服；或每日吃1次油焖香菇（少放盐），均可辅助治疗急慢性肾炎。

（4）香菇炖排骨：每天取用香菇3朵，与排骨肉共炖，喝汤吃香菇，可治疗佝偻病及小儿缺钙。

（5）香菇鲫鱼：取香菇3朵，洗净，用凉水泡发，与鲫鱼1条（约重200克），加细盐、姜末、料酒等作料，用文火炖熟，温服，连续3天服用为一疗程，基本可使小儿麻疹尽快透发。

（6）香菇红枣：取水发香菇20克，红枣20枚，鸡肉（或猪肉）150克，加姜末、葱末、精盐、料酒、白糖各适量，隔水蒸熟，每日吃1次。可治疗贫血、体质虚弱、四肢无力等症状。

（7）香菇茯苓：取干香菇5克，茯苓10克，将香菇用凉水发好，切碎；茯苓焙干研末，与适量米一起煮粥，可治疗神经衰弱、眩晕、心跳等症，可谓安神益智良方，还可利尿消肿，

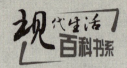

补脾止泻。

(8) 酒煮香菇：取香菇 50 克，酒 100 克，将香菇和酒同煮，每日口服两次，可治疗头昏头痛。

(9) 香菇煮茶：用干香菇 500 克，每次 8 克，每天晚上置保温杯中用开水浸泡当茶饮，1 杯为量，1 次喝完，再用开水冲 1 杯，第二天早上加热后 1 次喝完。余下的香菇还可做菜用。8 个月为 1 疗程，再喝 8 个月为巩固性治疗。对治疗消化道疾病有明显促进作用。

(10) 香菇糖水：取适量香菇焙干，每次用 1.5～3 克，冲水，在饭前用红糖水送下，可治疗胃痛。

(11) 香菇干末：取杨树蕈（香菇之一）焙干研末，每次用 1.5 克，每日 2 次，空腹用温开水送下，可治妇女子宫出血症。

(12) 香菇麦粥：鲜香菇 50 克，猪瘦肉末 50 克，香油、盐、味精、葱末和小麦各适量。先将香菇、瘦肉末入沸小麦粥中炖熟，再加上调料即可食用，每 2 天吃 1 次，常食可有安神健眠作用。

(13) 香菇茯苓粥：干香菇 10 朵，油豆腐 3 块，茯苓 10 克，青豆 1 小碗，大米 70 克，酱油、盐各少许。香菇洗净切丝，油豆腐切丁，茯苓用水泡发 1 小时，软后捣成粉。将上述原料与淘洗的大米混合，加入调料，上火煮至黏稠时，将青豆撒在上面，即可食用。常吃，能安神养气并辅助治疗肺癌。

(14) 香菇冬笋：用香菇 50 克，配以去皮冬笋 250 克，先把香菇、冬笋加油炒 20 分钟，然后加酱油、白糖、醋、盐、湿淀粉再煸炒几下，每天作菜肴食用，可预防坏血病、佝偻、肝硬化等症。

(15) 香菇猪蹄：香菇 50 克，猪前蹄 1 只，通草 15 克。先将猪蹄煮八成熟，再下入通草、香菇再煮半小时左右，饮汤吃肉，连用数次，即可下奶。

（二）蘑　菇

1. 来源与分布

蘑菇又名肉蕈、鸡足蘑菇、蘑菇蕈、蘑菰，为黑伞科植物蘑菇的子实体菌盖及柄。菌盖宽 4～13 厘米，呈扁半球形至平展，光滑不黏，肉厚色白，淡褐或灰色。蘑菇原为野生，20 世纪 30 年代，我国开始人工栽培，现在全国各地多在秋、冬、春季普遍栽培，成长后采集。

蘑菇

清人王道纯曰："诸汤中食之，味甚鲜美。"明朝李时珍云："白色柔软，其中空虚，俗名鸡腿蘑菇，谓其味如鸡也。"鲜品做成汤或炒食，味道清香，鲜嫩爽口，被誉为"植物肉"。其在国际上素有高级佳肴之称。被公认为高植物蛋白、低脂肪、低热量、高维生素的保健食品，不仅适宜儿童生长发育期食用，

而且中老年特别是患有高血压、高血脂的中老年人，食用尤为适宜。

2. 营养成分

蘑菇是一种低热能、高蛋白、高维生素的食用菌。欧洲人把蘑菇誉为"植物肉"，美国人把蘑菇视为"上帝的食品"，在我国蘑菇素有健康食品的美称。每 100 克鲜品中含有水分 92.4克，蛋白质 2.7 克，脂肪 0.7 克，膳食纤维 2.1 克，糖类 2 克，胡萝卜素 10 微克，维生素 B_1 0.08 毫克，维生素 B_2 0.35 毫克，尼克酸 4 毫克，维生素 C 2 毫克，还含有非特异植物凝集素、酪氨酸等物质。

3. 烹调方法

蘑菇烹调宜荤宜素，可炒菜、煮羹、做汤，味道清香，鲜嫩爽口，还可制成清水蘑菇罐头。

4. 保健及药用功效

蘑菇入药始载于元代《日用本草》，中医认为其性凉味甘无毒，入肺、胃、肠三经。能补脾理气，化痰开胃，止吐止泻，润燥透疹，对肺胃有热、咳逆上气、痰多胸闷、呕吐泄泻、体倦气弱等症，均较适宜。《医学入门》曰："悦神，开胃，止泻，止吐。"《生生编》载其"益肠胃，化痰，理气"。民间常取鲜蘑菇 10 克，煎汤服一次，治疗慢性气管炎。以鲜蘑菇 100 克，菌盖撕成小块，菌柄切成斜片，瘦猪肉 100 克切片，用食油炒后加水适量煮服，治疗脾气虚弱、身体倦息、妇女哺乳汁分泌减少。或用鲜蘑菇、瘦猪肉各 100 克，加水炖服，连食数周，对白细胞减少症、慢性肝炎有辅助治疗作用。取粳米 50 克，煮粥至半熟时加入鲜蘑菇 10 克，煮至米熟时食用，治疗胃热呕吐、肠热泻痢、食欲不振。用鲜蘑菇 6 克，活鲫鱼 1 条，清水煮，熟后食鱼喝汤，可治小儿麻疹透发不快。以蘑菇焙干研末，每

菌·藻养生手册

服 3 克，以温水日服 2 次，可治疗功能性子宫出血、肠风下血、痔疮出血等症。

现代科学研究发现，蘑菇除含有蛋白质、脂肪、糖类、粗纤维、钙、磷、铁、维生素 A、维生素 B_1、维生素 B_2、维生素 B_6、维生素 C、维生素 E、维生素 K 等成分外，还含有人体生长发育过程所必需的氨基酸。其所富含赖氨酸，有健脑益智功能。其所含维生素 B_1，可营养心脏和神经系统。所含维生素 B_2，可参加机体氧化还原过程，防止各种黏膜皮肤炎症发生。其所含维生素 B_{12} 及维生素 E，前者参与造血，防治贫血，后者可抗衰老。蘑菇中含有酪氨酸，有降低血压，降血脂作用，适合于高脂胖人和老年人食用。蘑菇还具有一定的抗菌作用，其培养液对金黄色葡萄球菌、伤寒杆菌及大肠杆菌有抑制作用。蘑菇提取液可降低血糖、降低血液中胆固醇的含量，有预防动脉硬化、肝硬化的作用。此外，蘑菇还可以治疗白细胞减少症、消化吸收不良，对促进食欲，恢复大脑功能，促进乳汁分泌都有一定的辅助治疗作用。近年来日本科学家还从蘑菇中提取一种能抑制肿瘤生长的物质，可提高免疫力，具有明显的抗癌作用，肺癌、乳腺癌、皮肤癌患者，常食之则大有益处。

5. 食用禁忌

采集野生蘑菇时，要特别注意鉴别毒蘑菇。一般外形邪恶，颜色鲜艳，且有黏液质的蘑菇，常含毒物质，不得误食。若不慎误食中毒，轻者呕吐、腹痛、腹泻，重者烦躁不安、肝区疼痛、阵发痉挛，甚至休克。应立即急送医院抢救，亦可在送医院前，临时用绿豆 120 克，甘草 30 克，煎汤灌服。又因本品性凉，多食易动气发病，喜食者宜适可而止。

6. 食疗方

（1）蘑菇汤：有肝炎的人可用小杂蘑菇放入沙锅中，加盐

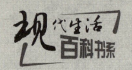

少许和适量水，加盖上火烧沸几次，喝汤吃蘑菇，有利于保肝，并可治疗白细胞减少症。

（2）炒蘑菇：用鲜蘑菇 200 克，加上葱头、适量油、盐、胡椒粉、味精。将蘑菇洗净，切成片，加葱头用油炒，再加盐、胡椒粉、味精、水和少许面粉调味，煮成糊食用，可防治由病毒引起的感冒。

（3）蘑菇肉菜：鲜蘑菇 150 克，猪瘦肉 150 克，菜花 75 克，酱油 25 克，湿淀粉 25 克，熟猪油 15 克，精盐适量。将瘦肉洗净切片，盛入碗内，拌上酱油、蘑菇；锅上火放入油，下瘦肉炒片刻，再放菜花炒，放芡粉、盐，起锅即可。此方常吃补身润肤，使皮肤细嫩光滑滋润。

（4）蘑菇豆腐：蘑菇 100 克，豆腐 250 克，银耳 50 克，味精、酱油、香油。3 味同煮，加适量水，中火烧开后，再慢炖 20 分钟，加调料。此方有降低血糖、抗癌症作用。

（5）蘑菇肉片：每日取新鲜蘑菇 50 克，瘦猪肉 50 克，细盐、味精等适量，做蘑菇肉片汤吃，温服，每日 1 次服完，常吃可辅助治疗癌瘤、慢性肝炎、糖尿病。

（6）素油蘑菇：每日取新鲜蘑菇 50 克，用花生油、豆油等加工成素油蘑菇，当餐常服，可治高血压、冠心病、脑血管硬化等症。

（7）腐竹拌鲜菇：取鲜蘑菇 100 克，腐竹 150 克，黄瓜 50 克，将黄瓜洗净后切成菱形小块，腐竹水发后切成短节，鲜蘑菇洗净后撕成小朵；然后将三者一起入沸水锅中烫熟，凉后捞出沥干水分装盘，再将芝麻油加热浇入，并用碗焖片刻后，加入盐、味精调味即可食用。佐餐，1 日食完。连服 10 日为 1 疗程。适于脾虚型哮喘病人服用。

（8）鲜蘑粥：取鲜蘑菇片 25 克，大米 100 克，将大米淘净，加水适量煮粥，待粥将熟时，下入蘑菇片、盐、味精、香油，再稍煮一会儿即成。每日1次，宜常食。适用于甲亢，症见脖颈肿大、咽中梗阻、胸胁满闷、食欲不振、神疲乏力等。

（9）素烩三菇：取冬菇25克，蘑菇25克，嫩玉米笋片50克，草菇25克，先将冬菇、蘑菇、草菇入清水泡发洗净，入油锅煸炒，之后加入鲜汤、嫩玉米笋片同煮，待熟后再加入粉芡和调料（盐、味精等），翻炒片刻即可。佐餐食用。是降脂降压、防癌之佳品。

（10）蘑菇猪鼻汤：取蘑菇50克，猪鼻肉15克。将猪鼻肉洗净切碎，同蘑菇一起加水适量煮熟，然后入调料。佐餐，饮汤食蘑菇、肉。适用于鼻出血。

（11）鲜蘑发菜鸡丝：取鲜蘑150克，发菜25克，鸡肉100克，将发菜水发，洗净沥干；鸡肉加盐腌后，水焯熟，撕丝。猪油烧热，爆香姜末，倒入蘑菇片煸炒，加鸡汤，下发菜，文火炖15分钟，再放入鸡丝烩煮5分钟，调入精盐、味精，勾玻璃芡。佐餐食。适用于神经末梢受损而致的皮肤功能失调疾病，如酒糟鼻、白化病、色斑、阴囊湿疹等。

（12）蘑菇野葡萄根汤：取蘑菇30克，野葡萄根60克，将蘑菇和野葡萄根煎汤，加蜂蜜调味服。每天1剂，常服。适用于早期肺癌的辅助治疗。

（三）草 菇

1. 来源与分布

草菇又名兰花菇、秆菇、包脚菇、贡菇、南华菇、麻菇、家生菇等，国外又称草菇为"中国蘑菇"。草菇是生长在热带、亚热带高温多雨地区的一种腐生真菌，因用稻草、苎麻皮和麻

菌·藻
养生手册

秆、茅草等栽培，故名草菇。因其人工栽培始于我国广东省南华寺，故称其为"南华菇"。草菇烘烤时，散发出浓郁的兰花香味，所以有人叫其为兰花菇。现在主要产地是我国广东、广西、福建、云南、四川、湖南、江西、安徽等南方各省、自治区和东南亚各

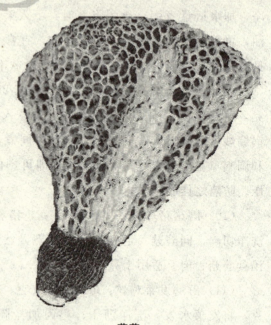

草菇

国，以人工栽培为主。草菇因产于南方，所以还有"南方骄子"的美称。

据说，清朝道光年间，广东曲江县南华寺中香火旺盛，游客络绎不绝，寺僧们为接待游客置备素餐，从腐草堆里野生草菇得到启示，在寺前宅后空地上用稻草栽培草菇，结果肉质肥厚，滋味优于野生品种，颇受游客青睐。其优质烹饪为宫廷膳食，备受皇帝赏识，成了清朝皇室的贡品。从此人工栽培方法广泛传开。现在盛产于我国南方，以广东、广西、福建、江西为最多。夏秋季采收，以色泽明亮、气味清香、菌体肥厚、朵型完整不开伞、无杂质霉变者为佳，可烹调滋味佳肴。如《素食说略》曰："兰花菇，以滚水淬之，加高汤煨豆腐，殊为鲜美。"

2. 营养成分

草菇肉质细嫩，营养丰富，每 100 克鲜品中含水分 92.3 克，蛋白质 2.7 克，脂肪 0.2 克，膳食纤维 1.6 克，糖类 2.7 克，维生素 B_1 0.08 毫克，维生素 B_2 0.34 毫克，尼克酸 8 毫克，钙 17 毫克，磷 33 毫克，铁 1.3 毫克，锌 0.6 毫克。此外，还含有 8 种必需氨基酸在内的 17 种氨基酸等物质。

3. 烹调方法

草菇的食用方法多样，可炒、可煮、可蒸、可烩，荤素皆宜。我国的八大菜系中几乎都有草菇名肴的代表作。草菇除了鲜食外，尚可制成干品，其香味浓郁，但需在菌苞未开裂之前及时采收，将其切成两瓣，晒干微火烘干。另外，还可以加工成草菇粉、草菇罐头、草菇酱油等。

4. 保健及药用功效

中医认为草菇性凉味甘无毒，能益脾补气，清热解暑。对夏季暑热心烦、胃纳不开、体虚、气虚、高血压、肿瘤等患者，均为适宜。民间常取草菇拼配其他蔬菜煮汤或炒食，用于治疗暑热天食欲不振、倦怠乏力，且有开胃醒脾之功。用草菇切片，油盐炒后加水适量煮食，治疗体弱气虚、创伤及疮疡患处久不愈合。以鲜草菇、鲜猴头菇各 60 克，切片，用油炒，入盐少许，加水煮食，可作消化道肿瘤的辅助治疗。

现代医学研究发现，草菇中富含维生素 C，常吃草菇，可促进人体的新陈代谢，加速伤口愈合。草菇中含有的异蛋白可抑制癌细胞生长，主要用于消化道肿瘤。能加强肝、肾的活力，保护肝脏功能，增强机体免疫力，减少体内胆固醇含量，对预防高血压、冠心病有益。目前临床上使用的健肝片、健肝糖浆，就是利用草菇加工罐头时的浸出液，经提纯加工制成。

一、菌类保健与食疗

13

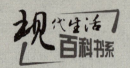

5. 食用禁忌

草菇性凉，脾胃虚寒者不宜多食。在购草菇时，以色泽明亮、味道清香、菌体肥厚、朵型完整、不开伞、无毒变和无泥土杂质者为佳。

6. 食疗方

（1）草菇清汤：水发草菇 250 克，植物油 10 克，盐 5 克。植物油投入锅内，加 500 克清水，加热，再放入菇片、盐，煮 10 分钟即成，常吃可抑制癌细胞的生长。

（2）草菇汤：草菇 200 克，加猪油、盐、酱油、姜、胡椒、葱、味精、淀粉煮沸，有润肠利胃功效，可治消化不良。

（3）素草菇：水发草菇 500 克，加植物油 25 克，酱油 50 克和适量盐，先将草菇用植物油炒熟，下入调味料，有降低胆固醇之功效。

（4）清菇汤：鲜草菇 250 克，用清水 500 克加食油 10 克和少许盐，煮汤喝，能促进新陈代谢，辅助治疗坏血病。

（5）鲜菇豆苗：将豆苗 350 克择好洗净，沥干水分。将 100 克草菇洗净，一切两半。起油锅烧热，放入豆苗煸炒，再放入草菇同炒，加入盐、糖、酱油，炒匀即成。佐餐食。适用于肾癌的辅助治疗。

（6）草菇丝瓜汤：将草菇 100 克洗净切开；猪瘦肉 150 克洗净切片，下生油、生粉稍腌片刻。丝瓜去皮洗净、切片。用锅煮适量清水至沸，下丝瓜、瘦猪肉、姜丝，盖好盖，煮沸 5 分钟，下草菇、放调料即可。佐餐食。适用于防治肾癌。

（四）猴 头 菇

1. 来源与分布

猴头菇又名猴头、猴头菌、刺猬菌、菜花菌、对脸菇，为担子菌纲齿菌科，属食用菌。本品呈白色，基部狭窄，上部膨大，周身布满针状肉刺，酷似猴头脑袋，故此得名。猴头菇野生于密林深处，亦有生长在柞树和胡桃树的枯树干上，数量极为稀少，以黑龙江小兴安岭和河南伏牛山的产品最负盛名。新中国成立后，我国对人工栽培猴头菇进行广泛研究；近年四川、浙江等地人工栽培的技术已基本掌握。湖南郴州地区生物研究所，利用稻草资源丰富的特点进行栽培，取得良好效果，为发展猴头菇生产开辟了广阔前景。

猴头菇

猴头菇自古就有"山珍猴头，海味燕窝"之说，从前大多为达官贵人享用。其肉质鲜嫩，滋味鲜美，清香可口，风味独

特。故此，历代将其与熊掌、海参、鱼翅并列为四大名菜。黑龙江的银珠猴头，山东的云片猴头，陕西的红烧猴头，湖南的鸡汁猴头，湖北的瑶柱猴头，均为美誉遐迩的佳馔。

2. 营养成分

猴头菇营养丰富，据测定，每 100 克罐装猴头菇中含有水分 92.3 克，蛋白质 2 克，脂肪 0.2 克，膳食纤维 4.2 克，碳水化合物 0.7 克，维生素 B_1 0.01 毫克，维生素 B_2 0.04 毫克，尼克酸 0.2 毫克，维生素 C 4 毫克，钙 19 毫克，磷 37 毫克，铁 2.8 毫克，锌 0.4 毫克。猴头菇中含有多种氨基酸，包括 8 种人体必需的氨基酸，而且各种必需氨基酸的比例与人体需要接近。猴头菇还含有挥发油、碳水化合物、多肽类及酰胺等。

3. 烹调方法

猴头菇可做多道名菜，还可与海米、冬笋制成沙锅猴头菇，加冬笋、火腿等制成扒烧猴头菇等。猴头菇本身无味，烹调时需依赖鸡、鸭鲜汤提味，方能显示猴头菇的鲜美。新鲜猴头菇洗净、去杂质后，可与鸡鸭同炖。猴头菇干品烹调时要先经过加热，反复洗涤后，去掉猴头菇的根部，再换水加入适量的碱加热泡发，直到菌体完全酥软，捞出，再洗去碱液后才烹制。据悉，浙江常山已生产出猴头酒、猴头蜜饯、猴头罐头、猴头云片糕、猴头饼干等系列食品。目前，我国培育的猴头已远销美国、马来西亚、日本等国。

4. 保健及药用功效

猴头菇入药始见于元代《饮膳正要》，中医认为其性平味甘无毒，入肝、胃二经，具有助消化，利五脏之功效。明朝《本草纲目》记载颇详，其功用利五脏，助消化，补亏虚，治神经衰弱、消化不良、脘腹胀满、胃及十二指肠溃疡，近年治慢性乙型肝炎，亦取得明显效果。诸如取猴头菇 60 克浸软切片，水煎加黄酒制成猴头汤服用，治脾胃虚弱、消化不良。猴头菇、银耳、冰糖各适量炖服，治气管炎。猴头菇150克与鸡肉同炖服，治头昏心悸、气弱血虚。鲜猴头菇100克或干品50克，入350毫升水煮熟后，打入两个鸡蛋，每日早晚各服1次，入250毫升水炖熟后，分早晚两次饭前服完，连续两个月，可治十二指肠溃疡和慢性胃炎。鲜猴头菇100克，入50克白酒浸两周，去渣后加蜂蜜50克，晚上睡前含服20～30毫升，连服2～3次，治咽喉炎和哮喘。

现代医学研究发现，猴头菇含有的多糖、多肽及脂肪族酰胺类物质，对艾氏腹水癌细胞脱氧核糖核酸及核糖核酸的合成，具有阻碍和抑制作用，可预防和治疗消化道癌症和其他恶性肿瘤。近年国内利用猴头子实体和菌丝体浸出物，制成猴菇菌片、宁猴片等药物，临床广泛应用于胃癌、食道癌、贲门癌、肠癌的治疗，效果显著，且无副作用。据统计，用猴头菇制剂治疗134例胃癌，总有效率为78.5％。又上海肿瘤医院治疗上消化道166例癌症，经病理细胞学证实或X线诊断，且患者以中晚期偏多，或已有淋巴结与远处脏器转移，总有效率为69.3％。猴头菇对慢性萎缩性胃炎、慢性浅表性胃炎、胃窦炎等均有明显的治疗作用，对胃痛、胃胀、嗳气泛酸、大便隐血、食欲不振等症有良好的缓解作用。猴头菇所含有不饱和脂肪酸，可促进血液循环，能降低血液中的胆固醇含量，是高血压病、心脑血管疾病患者的理想食品。猴头菇还是一种有效的免疫增强剂，手术后及癌症化疗后的病人宜经常食用，可增加免疫力。总之，猴头菇堪称癌症的克星，在国内外市场上享有盛誉。

5. 食用禁忌

有外感病者，暂不宜多食猴头菇。由猴头菇与虾仁等"发物"制成的菜肴，有皮肤病者不宜食用。腹泻病人暂不宜食用

猴头菇。

6. 食疗方

（1）猴头炖鸡：猴头子实体（干品）150克，鸡1只，猴头用水泡软后，与鸡同煮，用作料调好味食用，日服1～2次，3天服1剂。也可用鸡汤煮食猴头子实体，均可治疗神经衰弱和身体虚弱。

（2）水煮猴头：猴头子实体（干品）30克，用水煮食，每日2次，可辅助治疗胃溃疡、胃炎等消化系统疾病。

（3）猴头汤：将猴头菇干品60克温水浸软后，切成薄片，加水煎汤，加黄酒少许，顿服。适用于脾胃虚弱、消化不良等症。

（五）金 针 菇

1. 来源与分布

金针菇又名金钱菇、朴菇、构菌、冬菇、黄耳蕈，为担子菌纲伞科食用菌。其菌盖扁平，边缘薄，黄褐色，表面黏滑，基部相连，呈簇生状。干品形似金针菜，故名金针菇。本品耐寒性强，我国栽培金针菇历史悠久，元代《农书》记载颇详。我国主要产地有河北、浙江、山西、内蒙古、吉林、黑龙江、江苏、湖南、湖北、广西、甘肃、青海、陕西、四川、云南、福建等省、自治区。近年上海农科院食用菌研究所，选育成功的"SFV－9"金针菇，洁白细嫩，堪称上品。

2. 营养成分

金针菇营养十分丰富，据测定，每100克鲜品中含水分90.2克，蛋白质2.4克，脂肪0.4克，膳食纤维2.7克，碳水化合物3.3克，胡萝卜素30微克，维生素B_1 0.15毫克，维生

金针菇

素 B$_2$ 0.19 毫克，尼克酸 4.1 毫克，维生素 C 2 毫克，磷 97 毫克，铁 1.4 毫克，锌 0.39 毫克。金针菇还含有 8 种人体所必需的氨基酸，其中赖氨酸的含量特别多，含锌量也比较高，是一种高钾低钠的食品，有促进儿童智力发育和健脑作用，被誉为"益智菇"。

3. 烹调方法

金针菇色形艳丽，质地脆嫩鲜滑，味道爽口，吃法多样，适合于炒、烧、烩、焖、扒、酿、涮和做汤等，既可作主料，也可荤、素搭配使用。近年来，我国名列菜谱的金针菇菜有许多，如"金菇三色鱼"、"金菇鳜鱼"、"金菇绣球"、"金菇熘鸡"、"金菇炒鳝鱼"、"金针凤燕"等都很有名。

4. 保健及药用功效

医学研究证明，金针菇的保健和药用价值很高，我国营养学家对幼儿试验发现，日常饮食的基础上，一组加食金针菇配制的饮料，另一组不加这一饮料。7 周后，前者的臂围、身高

比后者显著增长，且增进食欲，长得结实。日本人将金针菇作为儿童保健和智力开发的必需食品。研究人员发现，小孩从断奶起到学龄期，长期食用金针菇的儿童不但聪明多智，记忆力强，而且体重和身高均明显增加。可见，金针菇能有效地增强机体的生物活性，促进体内新陈代谢，有利于食物中各种营养素的吸收利用，对生长发育大有助益。

金针菇还颇得中外医学家赏识，能降低胆固醇，预防高血压，治疗肝炎及溃疡病等疾患。例如动物试验表明，给两组大鼠都吃胆固醇食物，其中一组加食金针菇，另一组则不加金针菇，结果前者体内胆固醇含量几乎无变化，而后者则显著升高，解剖后主动脉已硬化。这就是金针菇有降低血脂的药理功效。金针菇还有抗癌作用，例如日本生产金针菇最多的是长野县，该县居民由于常年食用这种菇类，极少患癌症，肿瘤发病率明显低于其他任何地区。动物实验进一步证实，金针菇中含有一种"金针菇素"能抑制癌细胞的生长，适用于各种早、中期癌症的治疗。

5. 食疗方

（1）凉拌金针：用水发金针菇100克，绿豆芽150克，用沸水焯熟，加姜、葱、味精、酱油、醋、胡椒、香油拌食，可清热消水，治中暑和肠炎。

（2）金针鳗鱼：用金针菇400克，鳗鱼1条，鸡蛋8个，咸蛋黄1只，料酒、精盐、香油各少许。将鸡蛋磕入碗内，加精盐、料酒，打散蒸熟，再放入咸蛋黄，加入金针菇，最上边加鳗鱼，再加上精盐、料酒，用适量清水搅匀，上笼蒸熟，出笼淋上少许香油。常吃对治疗肺结核、淋巴结核有一定疗效，对治疗神经衰弱效果明显。

（3）金针菇肺丝汤：取猪肺100克，金针菇50克，加清水适量，煎汤喝，每天喝 1～2 次，对咯痰患者有治疗效果。

（4）双金汤：取鲜金针菇 50 克，金针菜（黄花菜）70 克，先将金针菜泡发，再用泡发金针菜的水和适量清水，下锅煎汤，可适当加调料，熟后喝汤，有利凉血、降血压。

（5）脆金针菇：鲜金针菇 150 克，洗净，切成段，入开水中余好，入油锅炸至将熟，加作料食用，常吃可以治肝炎、肝硬化。

（六）平　　菇

1. 来源与分布

平菇又名侧耳、蚝菌、北风菌、耳菇、杂蘑、天花蕈，属侧耳植物侧耳的子实体，著名的凤尾菇、美味侧耳等都是它的成员。平菇由菌丝体和子实体组成，菌丝体为营养器官，白色绒毛状，可分解基质，吸收营养；子实体为食用部分，菌盖覆瓦状丝生成或叠生，幼小时灰色，菌肉白色，肥厚柔软，长柄侧生。我国现有平菇三十多种，形状和生态大致相似。南北各地均有分布，原为野生，大多生长在枯树干或树根上，以柳树、杨树、桑树等较多见。现已

平菇

广泛采用人工栽培。平菇在我国主要产地是河北、山西、内蒙古、黑龙江、吉林、辽宁、江苏、台湾、河南、陕西、四川、新疆、西藏等省、自治区。现在我国已用棉子壳、木屑和各种秸秆等为原料，进行大面积栽培平菇。

2. 营养成分

平菇肉质肥厚，风味独特，营养丰富，据测定，每 100 克鲜品中含有水分 92.5 克，蛋白质 1.9 克，脂肪 0.3 克，膳食纤维 2.3 克，碳水化合物 2.3 克，胡萝卜素 10 微克，维生素 B_1 0.06 毫克，维生素 B_2 0.16 毫克，尼克酸 3.1 毫克，维生素 C 4 毫克，钙 5 毫克，磷 86 毫克，铁 1 毫克。此外，它还含有 8 种人体必需的氨基酸，在非必需氨基酸中，谷氨酸、天门冬氨酸、丙氨酸最多。

3. 烹调方法

鲜平菇可切片、切丝、切块、做馅，红白荤素、冷热甜咸均宜，并可加糖醋，亦可用鸡、鸭、鱼、虾、蟹、猪肉等作配料，食法多样。

4. 保健与药用功效

中医认为平菇性微温，味甘，具有滋养肝肾，补脾益胃，祛风散寒，缓和拘挛，舒筋活络功效，可治脾胃虚弱、手足麻木、腰腿疼痛、筋络不舒等症。现代医学研究证实，平菇还含有蛋白质、脂肪、糖类、维生素、粗纤维、D-甘露醇、D-山梨醇、烟酸、钙、磷、铁。又含 18 种氨基酸，包括人体必需的 8 种氨基酸。药理研究表明，本品提取物对小鼠肉瘤 S-180 的抑制率较强，对肿瘤细胞有很强的抑制作用。还含有侧耳毒素和蘑菇核糖核酸，防止血管硬化，亦为减肥者理想食品。平菇还能调节植物神经功能，特别是对更年期综合征有明显调节作用，对肝炎、慢性胃炎、十二指肠溃疡、软骨病、高血压，均有辅助治疗作用。

5. 食用禁忌

平菇种类繁多，与平菇近似的有毒品种，误食则易中毒，甚至致死，故野外采集时务必谨慎辨别。人工培植平菇虽不会产生中毒情况，但栽培者也应注意保健防病，因为平菇菌盖展开后会散发白色粉尘，刺激肺和气管，严重者则发生咳嗽、头痛、流涕、心率加快、呼吸急促等过敏症状，故栽培者宜早采嫩菇，且戴上口罩预防粉尘。一旦出现过敏症状，以扑尔敏药物治疗即可。

6. 食疗方

（1）拌平菇：取平菇 500 克，洗净，去根蒂，切成丝，入沸水锅中余透，捞出用冷水过凉，挤干水分，放入盘中，用盐、味精、香油拌食，每天吃 1～2 次，每次吃平菇 100～250 克，久食可治疗高血压。

（2）平菇炖小母鸡：取平菇 300 克，净膛小母鸡 1 只，将平菇、鸡肉洗净，鸡肉剁成小块，加入葱、黄酒、盐和适量水，上锅炖 1 小时，吃菇、肉，喝汤，可辅助治疗糖尿病。

（3）牛奶煮平菇：用平菇 150 克，鲜牛奶 500 克，加适量白糖。先将平菇余熟，切成丝，与牛奶入锅同煮，熟时加少许白糖，常食可治疗贫血。

（4）平菇红枣牛奶：用鲜平菇 500 克，红枣 100 克，白糖 100 克，牛奶 150 克，先将平菇洗，焯熟，与牛奶、红枣同煮，将熟时加白糖，吃平菇，喝汤，对更年期综合征有辅助治疗效果。

（5）平菇炖豆腐：取鲜平菇 200 克洗净撕成小片；取豆腐 50 克先放锅中煮一会儿，捞出沥干水，切成小方块。沙锅内放豆腐、平菇、精盐及酱油，注入适量水，炖至豆腐、平菇入味，

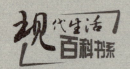

加入味精，淋上香油即成。佐餐食。此菜可作为高血压、高血脂、动脉硬化症、癌症等病症患者的辅助食疗菜肴。

（七）松　　菇

1. 来源与分布

松菇又称松蘑、松口蘑、松茸、松蕈、老鹰菌、松伞菌，云南称青岗菌，西藏称鸡丝菌。

松菇

松菇菌盖半球形至平展，宽5～20厘米，表面有鳞片和棉毛状残片，高约10～30厘米，粗1.5～5厘米。外被有褐色棉毛状残片。幼时盖缘与菌柄相连，逐渐展开成菌盖。松菇肉肥厚，质密、黏滑。

松菇的生长期为一年两季，即春末、秋末，时间很短，春末10到20天，秋末30天左右。

松菇主要产地为吉林、黑龙江、云南、贵州、广西、四川、西藏等省、自治区的山区松林或针、阔叶树混杂林中，以吉林延边地区所产松菇最为著名，朝鲜、日本也是盛产松菇的国家。由于松菇和松树根形成菌根关系，目前国内还没有人工栽培。

2. 营养成分

松菇是一种风味极佳，香味浓郁，口感滑润，营养丰富的食用菌，有"食用菌之王"的美称。据测定，每 100 克干品含有水分 16.1 克，蛋白质 20.3 克，脂肪 3.2 克，膳食纤维 47.8 克，碳水化合物 0.4 克，维生素 B_1 0.01 毫克，维生素 B_2 1.48 毫克，钙 14 毫克，磷 50 毫克，铁 86 毫克，锌 6.22 毫克。此外，还含有多种氨基酸等。

3. 烹调方法

松菇干品有咸淡之分，淡品是晒干的，用 80℃的温开水浸泡至完全回软，然后剪去沙根，漂洗干净即可使用。松菇的咸品是经过盐渍的，必须反复用温开水浸泡 2～3 天，再放入锅中煮至咸味基本消除，然后才能使用。松菇口感滑润，富有弹性，食后余香满口，鲜香别具一格。新鲜松菇入馔，宜荤宜素，不论如何烹制，都很适口，其脆嫩堪与蘑菇媲美，清香可使蘑菇逊色。

4. 保健及药用功效

中医认为松菇性平，味甘，具有补益脾胃、理气止痛、强身健体、化痰止咳、驱虫抗癌等功效。可用于消化不良、糖尿病、慢性胃炎、癌症等病症的辅助食疗。现代医学研究证明，松菇中含有多元醇，可治疗糖尿病所含的多糖类物质，具有抗肉瘤作用。因此，常食松菇能增强机体的免疫力，防止人体过早衰老，具有防癌抗癌作用。

5. 食疗方

（1）烧松菇：取松菇 500 克，去根，洗净，取一铁板，将松菇撕成小片；放在铁板上，放在无烟炭火上烤熟，就热蘸醋、

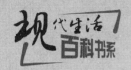

盐、酱油、香油吃，常食可治疗脾胃虚弱，食欲不振。

（2）松菇芫荽：用松菇 250 克，去根蒂，洗净，挤干水，放在铁夹子上，于无烟的旺火上烤熟；芫荽洗净，切成碎段，两物同放锅内，加入鲜奶或清水煮至将熟，加上调味品喝汤吃菇，可治消化不良和慢性胃炎。

（3）松菇鲍鱼汤：取水发松菇 150 克，水发鲍鱼 300 克，鸡汤 300 克，同放锅内煮沸，熟时加入适当做料调味，常吃可起到防癌抗癌作用。

（八）口　　蘑

1. 来源与分布

口蘑为真菌植物门真菌白蘑（蒙古口蘑）、香杏口蘑（虎皮香杏）、雷蘑（青腿蘑）等多种蘑菇的子实体，因集散于张家口市而得口蘑之名。口蘑菌肉肥厚、质细嫩，具香气、味鲜美，

口蘑

畅销国内外市场,深受欢迎。

口蘑的主要产地为塞外草原,即河北的沽源、张北、尚义和内蒙古,集散地在张家口。

2. 营养成分

口蘑营养丰富,据测定,每100克干品中含有水分9.2克,蛋白质38.7克,脂肪3.3克,膳食纤维17.2克,碳水化合物14.4克,维生素B_1 0.07毫克,维生素B_2 0.08毫克,尼克酸44.3毫克,钙169毫克,磷1.655毫克,铁19.4毫克,锌9.04毫克。此外,它还含有口蘑氨酸、鹅膏氨酸、鸟苷酸等呈鲜物质,所以味道异常鲜美。

3. 烹调方法

我国不少名馔珍馐常用口蘑。口蘑鲜香异常,配菜随和,宜荤宜素,无论是炒、炸、熘、爆,还是烧、蒸、扒、焖,皆相宜,尤其适用于制汤作卤。汁鲜味醇,清香四溢,增进食欲。

4. 保健及药用功效

口蘑性平,味甘,具有健脾益胃,解表透疹,化痰理气,补肝益肾,强身补虚,防癌抗癌等功效。可用于病后体虚、小儿麻疹欲出不透、高脂血症、肝炎、佝偻病、肿瘤等症的辅助食疗。经常食用,还有降低血压及胆固醇,提高机体免疫功能,强身健体,益寿延年及润肤健美作用。

5. 食用禁忌

因贮存过久而发霉变质者不宜食用。

6. 食疗方

(1) 口蘑冬瓜:用冬瓜250克,水发口蘑50克,冬瓜洗净不去皮,口蘑洗净,分别用沸水煮熟,捞出,加入适当调料喝汤吃菜,常吃有利减肥,也是高血压、肥胖病、糖尿病辅助食疗菜肴。

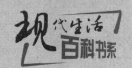

（2）口蘑玉兰片：口蘑 100 克，玉兰片 10 克，加入料酒、酱油、花椒水、白糖、鸡汤熬煮，熟后再炖，至口蘑、玉兰片烂软，喝汤、吃菜。可养胃健脾及对白血球减少、肝炎、癌症、高血脂、高血压等症有辅助治疗作用。

（3）三菇汤：取口蘑、平菇、草菇用清水发好，放入炖盅内，加清水，加调味料蒸 2 小时，取出吃菇喝汤，常食对高血压、高血脂、冠心病、动脉硬化等症有辅助治疗作用，并有抗癌功效。

（九）红 菇

1. 来源与分布

大红脸蕈为真菌植物门真菌大红菇（草质红菇）、真红菇（朱菰）的子实体。大红菇菌盖宽 6～16 厘米，扁半球形，后平

红菇

展而中部下凹，湿时黏，干燥后深觅菜红色、鲜或暗紫红色。菌肉白色，味道柔和。真红菇菌盖宽 5～12 厘米，初扁球形后平展中部下凹，不黏，大红带紫。菌肉白色，味道柔和，无特殊气味。

2. 营养成分

红菇干品每百克含蛋白质 15.7 克，脂肪 2.8 克，膳食纤维 31.6 克，碳水化合物 63.3 克，维生素 B_1 0.26 毫克，维生素 B_2 3.45 毫克，维生素 C 2 毫克，钾 228 毫克，钠 1.7 毫克，钙 1 毫克，镁 30 毫克，铁 7.5 毫克，锰 0.91 毫克，锌 3.5 毫克，铜 2.3 毫克，磷 523 毫克，硒 10.54 微克。

3. 保健及药用功效

红菇含蛋白质、碳水化合物、矿物质、维生素等营养成分，有补虚养血的功效。具有温中、益气、补虚的功效，可为人体提供丰富的营养成分，具有补虚养血的功效。用于治疗贫血、咳喘、血虚头晕、病后产后体虚等病症。健康人常食之，强健身体。

（十）榆 黄 蘑

1. 来源与分布

榆黄蘑为真菌植物门真菌金顶侧耳（金顶蘑）的子实体。可口具有香味。菌盖草黄色至鲜黄色，光滑，漏斗状，直径 3～10 厘米。菌肉白色。柄偏生。

2. 营养成分

榆黄蘑含有蛋白质、碳水化合物、矿物质、维生素等营养成分。其中蛋白质 16.4 克，膳食纤维 1.5 克，碳水化合物 21.8 克，维生素 B_1 0.15 毫克，维生素 B_2 1.00 毫克，钾 1 953 毫克，

钙 11 毫克，镁 91 毫克，铁 0.9 毫克，锰 3.09 毫克，锌 5.26 毫克，铜 0.46 毫克，磷 194 毫克，硒 1.09 微克。

3. 保健及药用功效

榆黄蘑为食用菌之一，具有益气、养血、滋阴、降压、抗癌的作用。适用于脾胃虚弱、食少或停滞以及病后失调、体虚所致气血津液不足的肌肉萎缩或高血压、癌症患者的辅助食疗菜肴。

榆黄蘑

（十一）榛　蘑

1. 来源与分布

榛蘑为真菌植物门真菌蜜环菌的子实体。在我国分布面很广，产量大，味道鲜美，东北称为榛蘑。它一般栽培在天麻中，天麻利用其营养，可提高自身的产量和质量。

2. 营养成分

榛蘑含有丰富的蛋白质、碳水化合物、多种维生素、矿物体。其中蛋白质 9.5 克，脂肪 3.7 克，膳食纤维 10.4 克，碳水化合物 21.5 克，维生素 B_1 0.01 毫克，维生素 B_2 0.69 毫克，钾 227 毫克，钙 11 毫克，镁 109 毫克，铁 25.1 毫克，锰 4.13 毫克，锌 6.79 毫克，铜 1.45 毫克，磷 286 毫克，硒 2.65 微克。

榛蘑

3. 保健及药用功效

榛蘑性味甘、寒，具有清目、利肺、益肠胃的功效。常食可以预防视力失常，对眼炎、夜盲、皮肤干燥、黏膜干燥、黏膜失去分泌能力和某些呼吸道、消化道感染的疾病有一定疗效。

国内还用蜜环菌发酵液及菌丝体，治疗风湿腰膝痛、四肢痉挛、眩晕头痛、小儿惊跳等病。

（十二）鸡　枞

1. 来源与分布

鸡枞为真菌植物门真菌鸡枞（鸡脚菇、伞把菇、鸡肉丝菇、鸡腿蘑、豆鸡菇、蚁鸡菇）的子实体。产于四川、贵州、云南、广东、广西、福建、台湾、江苏等地。

鸡枞菌肉细嫩，气味浓香，味道鲜美，属著名的野生食用蘑菇之一，畅销于国内外市场。根据鸡枞的颜色和形态特点，分为黑皮、白皮、黄皮、花皮等许多类型。味道以黑皮（青皮）鸡枞最好。此外，还有鸡枞花等真菌的子实体，味道同鸡肉一

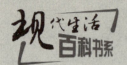

样鲜美。

2. 营养成分

鸡枞营养价值高。主要含蛋白质 28.8％，碳水化合物 42.7％，氨基酸含量多达 16 种。另外还含有钙、磷、维生素 B_2 等。

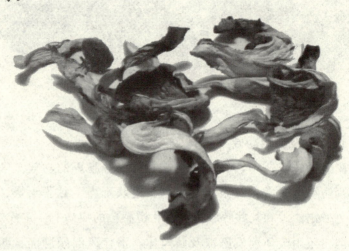

鸡枞

3. 烹调方法

鸡枞肉质细嫩，气味浓香，味道鲜美，是著名的野生食用菌之一。具有脆、嫩、香、鲜、甜、美的特点。鸡枞适于多种烹调方法，炒、炖、煮、焖皆宜，尤其烧汤最美。

4. 保健及药用功效

鸡枞不但做菜鲜香，营养丰富，而且药用保健价值也很高。

中医认为，鸡枞，甘平无毒，是我国传统的药用真菌之一。对此，《本草纲目》、《本草撮要》、《本草从新》等药物学著作中均有记载。《本草纲目》记载，鸡枞具有"益胃、清神、治痔"等功效。鸡枞还能预防肠癌及增强人体免疫功能的作用。此外，鸡枞有养血润燥、健脾和胃的功能，用于治疗食欲不振、久泻不止、虚劳怔忡、痔疮下血诸症，具有一定效果。

5. 食疗方

（1）鸡枞蘸芝麻酱：取鸡枞 300 克，洗净，切成小条，放入烤箱内烤熟，蘸芝麻酱常吃，可以治疗脾胃虚弱和消化不良，对慢性胃炎也有辅助治疗效果。

（2）鸡枞三椒：用鸡枞 500 克和辣椒油、花椒粒、胡椒粉各适量。先将鸡枞洗净，切成片，入烤箱烤熟，再将花椒用温开水泡成椒水，过箩，取净汁，加入辣椒油、胡椒粉，对成椒麻汁水，浇在鸡枞上，即可食。常吃可治脾胃虚弱和食欲不振，尤其对消化不良有治疗效果。

（3）干辣椒炸鸡枞：取鸡枞 500 克，干辣椒适量。先将锅内加花生油，把辣椒下入，炸成辣椒油，再将鸡枞倒入炸热，吃鸡枞，有防癌治癌功效。

（十三）灵　芝

1. 来源与分布

灵芝又名赤芝、红芝、紫芝、水灵芝、菌灵芝、万年蕈、灵芝草。灵芝种类繁多，数可近百，以其色泽而分，有青芝、赤芝、黄芝、黑芝和紫芝 5 种，其中常见和常用的为紫芝和赤芝。紫芝分布于华南及浙江、福建等地；赤芝分布于华东、华南、西南及河北、山西等地。现已有人工栽培。

2. 营养成分

灵芝含有多种氨基酸、蛋白质、生物碱、香豆精、甾类、三萜类、挥发油、甘露脑、树脂及糖类、维生素 B_1、维生素 C 等。粗纤维比较丰富，子实体中多达 54%～56%。

3. 保健及药用功效

灵芝系中药珍品菌。灵芝作为药用早有记载，李时珍在《本草纲目》中说："灵芝甘温无毒，有利关节，保神，益精气，坚筋骨，好颜色。久用有轻身不老延年益寿等功效。"中医常用于补肺肾、止咳喘、补肝肾、安心神、健脾胃等。

西医研究证明，灵芝中的有机锗含量很高，它可增强血液中细胞运送氧的能力，促进人体新陈代谢，有防老

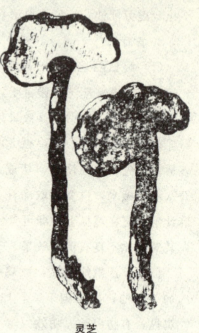

灵芝

抗衰的功效，很适合慢性病、老年病人服用。具体讲，灵芝能调解神经系统功能，改善睡眠，治疗神经衰弱；能增进冠状动脉血流量，加强心肌收缩能力，降低血压、血脂，治疗冠心病、高血脂病；能促进红白血球的合成；保护肝细胞，可治疗贫血、慢性肝炎；灵芝能刺激机体的细胞免疫系统，提高机体的免疫机能，故可治疗各类癌症及老年性慢性支气管炎；灵芝能改善皮肤血液供应，营养肌肤、毛发，故有润肤益颜、乌发及抗皮肤衰老等作用。

4. 食疗方

（1）灵芝蜜茶：用灵芝 15～20 克，大枣 60 克，蜂蜜 4 克，用灵芝与大枣同水煎汤，食时加蜂蜜，代茶饮，久服可提高免疫力，并抑制癌细胞的生长。

（2）灵芝荸荠：灵芝 50 克，荸荠 500 克，白糖 200 克，

香精 2 滴。将灵芝加水煎浓，荸荠压汁，加水 100 毫升，然后加白糖、香精搅匀，1 天服 1～2 次，清热利尿，降血压，抗癌症。

（3）灵芝冲茶：灵芝 50 克，洗干净切成片，研成细粉，用开水冲服，空腹送下，1 日 2 次，治肠下血、痔疮出血、妇女功能性子宫出血及宫颈癌等症。

（4）灵芝银耳：灵芝 9 克，银耳 6 克，冰糖 15 克。将灵芝、银耳用小火炖 2～3 小时，至银耳成稠汁，取出灵芝渣，加冰糖，分为 3 次饮用，有辅助治疗心神不安、失眠多梦等症之功效。

（5）灵芝煮猪心：灵芝 15 克，猪心 500 克，盐少许，用水共煮食用，治心悸怔忡，烦躁易惊，失眠等症。

（6）灵芝茶：灵芝 500 克，切成片，充分研细，每次用开水冲服 1.5～3 克，每日饮用 2 次，久用治头昏失眠。还可治甲亢、腹泻。

（7）灵芝糖浆：灵芝 50 克，水 600 克，白糖 200 克。灵芝切成薄片，用小火煎 2～3 小时，然后用双层纱布过滤，往液中加白糖服用，每日饮 2 次，每次 20 毫升，久用可治疗神经衰弱。

（8）灵芝烧猪肉：灵芝 5 克，黄芪 15 克，当归 6 克，瘦猪肉 100 克，加水共煮，去渣食肉、饮汁，每日 1 次，连服 10～15 天，有利于治疗肝硬化。

（9）灵芝三七：灵芝 30 克，三七粉 4 克，加水用小火炖服，早、晚各服 1 次，可治心绞痛。

（10）灵芝黄豆粉：灵芝 30 克，黄豆 90 克，焙干磨粉，温开水送服，日服 3 次，每次 9～15 克，可辅助治疗冠心病。

（11）灵芝黄芪：灵芝 15 克，黄芪 20 克，黄精 15 克，鸡

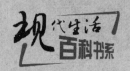

血藤 15 克，用小火合炖，服饮汤汁，可治白细胞减少症。

（12）灵芝大枣：灵芝 15～20 克，大枣 50 克，蜂蜜 5 克，用水煎服后饮用，常服，有利治疗血小板减少症。

（13）灵芝河蚌：灵芝 20 克，河蚌 250 克，冰糖 60 克，用小火炖服。治疗老年慢性支气管炎、支气管哮喘、白细胞减少、冠心病、高血压、心律失常等症。

（14）灵芝煮双参：灵芝 10 克，南沙参 6 克，水沙参 6 克，百合 10 克，用水煎服，主治慢性支气管炎。

（15）灵芝茯苓：灵芝 6 克，茯苓 10 克，苏打 6 克，半夏 5 克，厚朴 3 克，用水煎服，1 日 2～3 次服用，主治过敏性哮喘。

（16）灵芝冲红糖：灵芝 50 克，红糖 200 克，灵芝研成细粉，加红糖用开水冲服，1 日 3 次，饭前饮，可辅助治疗呕吐反胃及胃痛等症。

（十四）竹　　荪

1. 来源与分布

竹荪又名竹笙、竹菌、竹参、竹萼、仙人笠、网纱荪，也有称竹笙菌、竹参菌的。

竹荪是野生竹在竹类根部上面的一种食用菌，有很多品种，主要分为长裙竹荪和短裙竹荪两种，以长裙竹荪最为名贵。

竹荪原为野生植物，产量稀少，近年来已有人工栽培。主要产地在四川、云南、广东、广西、湖北等省、自治区。

2. 营养成分

竹荪的营养价值很高，其特点是蛋白质高，脂肪低，对人的健康非常有利。因此说，竹荪是很好的保健食品之一。

竹荪

据分析，竹荪每100克干品含蛋白质19.4克，粗脂肪2.6克，其对人的保健作用是显而易见的。此外，每100克竹荪干品中还含有碳水化合物60.5克。粗纤维9.4克，还含有16种氨基酸，其中谷氨酸含量高达1.76%，比任何一种食用菌都高，因而竹荪特别鲜美，竹荪还含有多种矿物质和维生素，这些物质都是人体所必需的。

3. 烹调方法

竹荪的食用部位是菌柄，其肉质洁白细嫩，高雅俊秀。竹荪的烹饪方法很多，我国的八大菜系中均有以竹荪为主料的菜肴，它可炒、焖、扒、涮，亦可做汤。鲜竹荪在烹制前，需用冷水洗净剪去有臭味的菌盖和菌托，放开水中焯后迅速捞出晾干。干竹荪烹制前先用冷水洗净砂质，温水浸泡至回软后去菌盖和菌托，便可用于制作菜肴。竹荪可单独作为主料，亦可与其他菌类或荤菜一起烹饪，如与紫菜或口磨、豌豆苗相配做汤，味爽适口，咸鲜清香，别具一格。

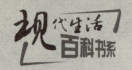

4. 保健及药用功效

中医认为，竹荪具有健脾益胃的作用，对于增强脾胃消化功能能有很大的裨益。在云南，苗族同胞将竹荪和糯米一起泡水喝，用以治疗虚弱症、损伤症和咳嗽，有止痛补气之效。竹荪还具有解腻助消化的作用。中医认为竹荪有大补之功，但其药用价值在历代本草著作中鲜有论述。经常食用可消除腹壁多余的脂肪，具有明显的减肥效果。竹荪汽锅鸡、竹荪银耳等，对人体可起到滋补强壮的作用。竹荪蔬菜汤可以降低血压、血脂，对高胆固醇症也有一定疗效。川滇民间亦食用竹荪治咳嗽、劳损等症。

5. 食用禁忌

竹荪清嫩鲜美，冠于诸菌。竹荪鲜食时，因有臭味和毒性，需将菌盖和菌托去掉。晒干的竹荪呈网状，如丝瓜络，无毒。此外，在众多的竹荪品种中，有一种黄裙竹荪，也叫杂色荪，只是菌裙的颜色为橘黄色或柠檬黄色，这种黄裙竹荪有毒，不可食用。有外感时最好不吃竹荪。腹泻者暂不宜食竹荪。

6. 食疗方

（1）竹荪萝卜汤：竹荪 50 克，切片；胡萝卜、白萝卜各适量，并切片。再加入适量姜片，熬汤，吃菜喝汤，可以减肥，对治疗肥胖症有一定功效。

（2）竹荪豌豆苗汤：取竹荪 25 克，豌豆苗 100 克，加入清水 100 克共煮，喝汤，每日 1 次，7 天为 1 疗程，有辅助治疗糖尿病的作用。

（3）竹荪二菇煎：用竹荪 50 克，冬菇 25 克，蘑菇 25 克，全择洗干净，加清水 300 克，煎汤喝，菜蘸调料吃，对糖尿病有一定治疗作用。

（4）竹荪木耳汤：竹荪 100 克，木耳 50 克，用温水发好，加水 700 克，煎汤饮用，每日 1 次，全天饮完 1 剂，对高血压、高血脂有辅助治疗效果。

(5) 竹荪猪肝：竹荪 250 克，猪肝 250 克，加入炒菜调料，炒食，每隔 1 天吃 1 次，对贫血症有一定疗效。

（十五）冬虫夏草

1. 来源与分布

冬虫夏草又名虫草、冬虫草、夏草冬虫，一般简称为虫草。古书上有"冬为虫，夏为草"的记载。《聊斋志异外集》中云："冬虫夏草名符实，变化生成一气通。一物竟能兼动植，世间物理倍难穷。"这是对冬虫夏草的形象描绘。

冬虫夏草是虫，也是草。它是高原不怕冻的昆虫——蝙蝠蛾的幼虫，它躲在泥土里，被冬虫夏草真菌——麦角菌科植物的菌种侵入虫体

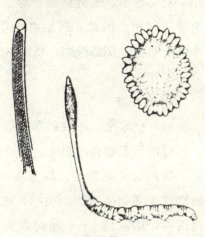

冬虫夏草

后，萌发成菌丝体，吸取幼虫体内的营养，分裂为虫菌体，重复分裂，满布虫腔，使昆虫死亡，只剩下一层皮；虫体死后，体内的虫草真菌继续生长，到了夏天，又从虫的头部长出像草一样的子实体露出地面。所以，冬虫夏草是各种夏草真菌的子座及其寄生物和虫草蝙蝠蛾幼虫尸体的复合物。它的外壳是虫

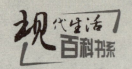

体，里面实际上是一种真菌。它冬天是虫，夏天却是草。冬虫夏草其名来源于此。

2. 营养成分

冬虫夏草含有丰富的营养成分。据测定，冬虫夏草含蛋白质25.32%（或32%），脂肪8.4%，粗纤维18.53%，碳水化合物28.9%，虫草酸7%。其脂肪中不饱和脂肪酸82.2%，此外还有甘露醇和20多种氨基酸、维生素B_{12}、虫草多糖等。

3. 保健及药用功效

虫草为药中珍品菌类。中医认为，虫草性味甘平，功能为滋肺补肾，益精气，止咳化痰。冬虫夏草浸剂有扩张支气管的作用，对肠道、子宫及心脏均有抑制作用，还有镇静及催眠作用，对链球菌、葡萄球菌、炭疽杆菌、结核杆菌以及皮肤真菌有抑制作用。因此，医生将虫草常用于治疗痰喘咳嗽、盗汗、阳痿、遗精、腰膝酸痛、病后久虚不复等症。对肿瘤、食道癌有一定疗效。

4. 食疗方

（1）虫草水：冬虫夏草干品2克，用沸水泡后冲服，每日2次，可治年老虚衰、阳痿、遗精症，还有乌发作用。

（2）虫草炖黄雀：取虫草6克，黄雀120克，生姜2片，收拾好黄雀，去内脏、去毛，洗净，切块，与虫草、生姜同放沙锅内，加水炖2～3小时，黄雀肉烂后即可。此方每周用1次，连续数次，对治疗阳痿、早泄以及肾精亏损、身体虚弱都有一定效果。

（3）虫草杏仁：冬虫夏草5克，甜杏仁10克，配以鸡蛋黄1个，先加水煎虫草和杏仁，15分钟后，加入鸡蛋黄，再用文火煨30分钟，饮汤食虫草、鸡蛋，即可。

（4）白酒泡虫草黑枣：取虫草50克，黑枣50克，白酒1 000

克，先将冬虫夏草、黑枣置玻璃容器中，加入白酒，密封，浸泡60天后即可。每日服2次，每次服20克，可辅助治疗贫血。

（5）白酒泡虫草：将冬虫夏草50克，放置容器中，加入白酒500克，密封，浸泡7无后，去渣饮酒，可壮阳。每日服3次，每次10克，服用两周，即可见效。

（十六）羊 肚 菌

1. 来源与分布

羊肚菌又名羊肚蘑、羊肚菜。羊肚菌菌盖呈不规则圆形或长圆形，长4～6厘米，宽4～6厘米，表面有许多凹坑，为淡黄褐色。似羊肚状，故得名羊肚菌。菌柄白，长5～7厘米，粗2～2.5厘米，有浅沟。基部稍膨大。

羊肚菌在我国产地主要有甘肃、青海、陕西、新疆、四川等省区。

羊肚菌

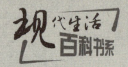

2. 营养成分

羊肚菌每 100 克干品含有蛋白质 28.31 克，比香菇高 1.4 倍，比猪肉高 1.5～2.1 倍，比牛肉高 1.3～1.8 倍。氨基酸含量比香菇高 1.4 倍，人体必需的 8 种氨基酸，基本齐全，平均总量为 7.92 毫克。羊肚菌每 100 克干品含脂肪 2.72 克，粗纤维 14.05 克，碳水化合物 35.03 克，磷 1.25 毫克，钾 3.11 毫克，钠 0.08 毫克，镁 0.22 毫克，钙 0.28 毫克，此外还含有维生素 B_1、维生素 B_2、维生素 B_{12} 等，也比其他菇类高。

3. 烹调方法

羊肚菌是美味极佳的食用菌。羊肚菌烹制的名菜有：北京菜"酿羊肚菌"，四川菜"烩羊肚菌"，湖南菜"羊肚菌烧乌金白"，云南菜"鸡翅羊肚菌"，吉林菜"酿馅羊菇蘑"等。

4. 保健及药用功效

羊肚菌营养丰富，具有很高的保健和药用功效。《本草纲目》记载，羊肚菌具有"甘寒无毒，益肠胃，化痰理气作用"。

（十七）青 头 菌

1. 来源与分布

青头菌为真菌植物门真菌绿菇（青脸蕈、变绿红菇）的子实体。菌盖宽 3～12 厘米，初球形，很快变扁半球形并渐伸展，中部常稍下凹，不黏，浅绿色至灰绿色。菌肉白色，味道柔和，无特殊气味，炒吃味鲜美。

2. 营养成分

青头菌含有丰富的营养成分，每 100 克含蛋白质 17.2 克，碳水化合物 64.9 克，钙 11 毫克，磷 400 毫克，铁 51.2 毫克，维生素 B_2 3.6 毫克，尼克酸 66.3 毫克。

青头菌

3. 保健及药用功效

青头菌具有清火、散内热、明目的功效。

（十八）黑木耳

1. 来源与分布

黑木耳又名云耳、木耳、木蛾、树鸡，为木耳科植物木耳的子实体，是生长在朽木上的一种食用真菌。我国人工栽培黑木耳已有一千多年历史，《神农本草经》、《齐民要术》、《唐本草》、《本草纲目》曰："木耳生于朽木之上，无枝叶，乃湿热余气所生。曰耳曰蛾，象形也，曰鸡，因味似也。"干燥的木耳呈不规则块片，多卷缩，表面平滑，黑褐色面较淡，水浸泡后膨胀，色泽转淡，柔润而微透明，表面有滑润的黏液。由于生长

环境、气候、条件和采集时间不同，质量各异。通常小暑前采的"春耳"，朵大肉厚，质最佳；立秋后采的"秋耳"，朵略小，质次之；小暑至立秋前采的"伏耳"，大小不均，质较差。我国东北、东南、西南各地均产，一般以干燥、朵大、肉厚、无树皮杂质者为上品。

黑木耳

2. 营养成分

据测定，每 100 克干品中含有水分 15.5 克，蛋白质 12.1 克，脂肪 1.5 克，膳食纤维 29.9 克，碳水化合物 35.7 克，胡萝卜素 0.1 毫克，维生素 B_1 0.17 毫克，维生素 B_2 0.44 毫克，尼克酸 2.5 毫克，钙 247 毫克，磷 292 毫克，铁 97.4 毫克。黑木耳中还含有丰富的胶质。

3. 烹调方法

黑木耳质嫩味美，一般以干品泡发后，炒食，做汤或凉拌，也可鲜食。干品以干燥、朵大、肉厚、黑亮者为佳。干品因失水而收缩成脆硬的革结构，浸泡后又恢复原状。黑木耳可制作多种菜肴，用作主料或配料皆宜，多用来凉拌、炒菜、做汤或甜羹等。

4. 保健及药用功效

黑木耳入药始载于汉代《神农本草经》，中医认为其性平味甘，入胃、大肠二经。能凉血止血，和血养营，益气润肺，滋阴润燥，护肤美容，养胃健脾。对崩中漏下、痔疮出血、久病体虚等症，最为适宜。《神农本草经》谓其"益气不饥，轻身强志"。《饮膳正要》称之"利五脏，宽肠胃"。《随息居饮食谱》曰："补气耐饥，活血，治跌打损伤，凡崩淋血痢，痔患肠风，常食可瘳。"《惠济方》用木耳 30 克烧存性，木贼 30 克研末，每服 6 克，以清米泔煎服，治疗眼流冷泪。《海上方》用木耳、荆芥等份，煎汤漱口，可治一切牙痛。《御药院方》用干木耳 30 克，鹿角胶 6 克，两药均炒研为末，每日 2 次，每次 10 克，温酒调服，治疗新久泻痢。《圣惠方》中用黑木耳 30 克，水二大盏，煮木耳至熟，先用盐、醋将木耳食下，后服其汁，每日二次，可治血痢日夜不止，腹中痛。《孙天仁集效方》用黑木耳 250 克，炒见烟后研细末，每次取 6 克入血余炭 1 克，好酒调服出汗，可治崩中漏下。民间以黑木耳 50 克，红枣 30 枚，红糖少许，经常煮食，治疗妇女体虚贫血。取木耳 5 克，粳米 60 克，红枣 5 枚冰糖适量，同煮粥，经常早晚服食，可治虚劳咳嗽、咯血、便血、月经过多。用黑木耳、银耳各 10 克，洗浸软置碗内蒸 1 小时，经常服食，可治血管硬化、高血压眼底动脉硬化出血等症。黑木耳 10 克，当归、白芍、黄芪、甘草、陈皮、桂圆肉各 3 克，加水煎服，可辅助治疗妇女宫颈癌和阴道出血等症。

现代医学研究发现，黑木耳营养丰富，除含有大量蛋白质、糖类、钙、铁及钾、钠、少量脂肪、粗纤维、维生素 B_1、维生素 B_2、维生素 C、胡萝卜素等人体所必需的营养成分外，还含有卵磷脂、脑磷脂。鞘磷脂及麦角甾醇等。美国科学家研究发现，常吃黑木耳可抑制血小板凝聚，降低血液中胆固醇的含量，对冠心病、动脉血管硬化、脑心血管病颇为有益，并有一定的抗癌作用。黑木耳中的胶质，还可将残留在人体消化系统内的

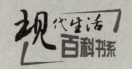

灰尘杂质吸附聚集，排出体外，起清涤肠胃作用。

黑木耳中所含的蛋白质、脂肪、糖类，不仅是人体必需的营养成分，也是美容的物质基础。其胡萝卜素进入人体后，转变成维生素 A，有润泽皮肤毛发的作用。卵磷脂在体内可使体内脂肪呈液质状态，有利于脂肪在体内完全消耗，带动体内脂肪运动，使脂肪分布合理，形体匀称。纤维素促进肠蠕动，促进脂肪排泄，有利于减肥。将黑木耳焙焦研成细末，加水或牛奶调成糊状，敷脸面，10～15 分钟后用温水洗净，可营养皮肤，保持皮肤光洁柔滑，减少皱纹，消退斑点。

黑木耳营养价值较高，味道鲜美，蛋白质含量甚高，被称之"素中之荤"，是一种营养颇丰的食品。既可作菜肴甜食，又可治疗多种疾病，可谓药食兼优。

5. 食用禁忌

选购黑木耳时要选择朵大适度、体轻、色黑、无僵块卷耳、有清香气、无混杂物的干黑木耳。黑木耳不应混有其他杂物。取适量黑木耳入口略嚼，应感觉味正清香。如果有涩味，说明用明矾水泡过。有甜味是用饴糖水拌过。有碱味是用碱水泡过。黑木耳中常见掺伪物有盐、盐卤、矾、碱、糖、淀粉糊、尿素、木屑、砂土等。盐卤中的硫酸钠会影响食物的消化吸收。矾的主要成分硫酸铝钾会刺激胃黏膜，引起呕吐。尿素可变成亚硝酸盐，进而引起高铁血红蛋白中毒，如果亚硝酸盐与胺类结合，形成致癌物质亚硝酸胺，则更为危险。因此，不能食用掺假的伪劣黑木耳。大便常稀溏者不宜食用黑木耳。

6. 食疗方

（1）红枣木耳汤：用红枣 25 枚，水发木耳 50 克，白糖适量，同入沙锅中，注入清水煎煮，至红枣、木耳熟透，即可吃菜饮汤，可治疗妇女月经血量大和贫血等症。

（2）木耳黑芝麻：将木耳炒焦，黑芝麻炒香，木耳研成细粉与黑芝麻混合服用。每次服5～6克，用开水冲泡，代茶饮，可润肠通便，治老年性便秘，还可凉血止血，老年人常饮能强身益寿。

（3）木耳炖服：用木耳10克，加水炖成汤，吃木耳喝汤，坚持经常食用可治痔疮、肛裂、大便出血等症。

（4）木耳山楂：木耳10克，山楂10克，用水炖服，每日1～2次服用，可治口腔溃疡和妇女痛经。

（5）木耳炒鸡肝：木耳20克，鸡肝100克，洗净，切成小片，加适量调味料，按常规烹炒。经常食用，有补养血和治疗贫血症作用。

（6）木耳胡萝卜：木耳20克，白菜叶60克，胡萝卜60克，洗净，切好，按常规炒菜食用，可治疗夜盲症。

（7）醋煮木耳：木耳30克，盐、醋各适量，加适量水炖服，每日服2～3次，可治疗急性菌痢。

（8）木耳海参大枣：木耳10克，海参30克，大枣5～10个，用水煮熟服用，每日1～2次，可治疗遗尿症。

（9）黑木耳扁豆：黑木耳、扁豆等量，将木耳、扁豆晒干后研成面，每次服9克，白开水送服，益气清热，祛湿。尤其对治疗糖尿病有一定功效。

（10）木耳柿饼：黑木耳6克，柿饼50克，冰糖少许，共煮至烂，1日服1剂，久食对治疗高血压有效。

（11）双耳汤：黑木耳、银耳各10克，冰糖5克，将木耳、银耳用水发好，放入小碗，加水人冰糖，置锅内蒸1小时，吃耳喝汤，可起到软化血管、降血脂的作用。

（12）木耳桃仁：黑木耳、核桃仁、蜂蜜各120克，将木耳洗净泡软，与核桃仁、蜂蜜捣成泥，放碗内上锅蒸熟，分4次

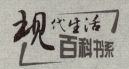

吃完，可祛风活血，治四肢麻木症。孕妇禁用。

（13）黑木耳六味：黑木耳 10 克，当归、白芍、黄芪、甘草、陈皮、桂圆肉各 3 克，黑木耳煎饮，日服 2 次；六味煎汤饮，早晚空腹各 1 次，有补气血、凉血止血。治疗妇女阴道炎及子宫颈癌有效。

（14）木耳红糖：黑木耳 100 克，红糖 60 克，将木耳洗净，煮熟，加红糖拌食，1 次吃完，血可渐止，再以木耳、红糖各 60 克，拌食即愈。

（15）木耳苏木：木耳 50 克，苏木 50 克，黄酒 250 克，将木耳、苏木洗净，用酒加水 1 碗，煮至剩半碗时即成，有活血祛瘀、消肿止痛功效，可治疗妇女闭经。

（16）木耳鸡蛋：木耳 15 克，鸡蛋 1 个，将木耳晒干研末和鸡蛋拌匀，1 日分 3～4 次服用，可治疟腮红肿。

（17）黑木耳粉：黑木耳 10 克，焙干研成细木，用小细管向咽喉内吹木耳末，数次可治咽喉炎症。

（十九）白　木　耳

1. 来源与分布

白木耳又名银耳、白耳子、雪耳，为银耳科植物银耳的子实体，是一种珍贵的高级食用菌，寄生于栗、栎、杨、柳、合欢、檀树等阔叶树朽木上。子实体由许多皱褶的薄瓣片组成，因晶莹透明，色白如银，富含胶质呈半透明，状似人耳而得名，其茎部呈黄色或黄褐色，整朵银耳直径 5～10 厘米，重数克至数百克不等，有的宛如盛开的秋菊，有的恰似层层卷出的鸡冠花。白木耳分布我国大部分地区，主产于四川、贵州等地。有野生和栽培两种，野生产量极低，目前市场上供应的皆为栽培

白木耳

的干制品。5～8月为盛产期，采时宜在早晨或晚上或阴雨天，用竹刀将白木耳刮入笼中，淘净，拣去杂质晒干或烘干。一般以色白稍带黄、微有光泽、朵大肉厚、蒂头无黑点和杂质、体轻质地硬脆者为上品。

2. 营养成分

白木耳营养丰富，据测定，每100克干品中含有水分14.6克，蛋白质10克，脂肪1.2克，膳食纤维30.4克，碳水化合物36.9克，胡萝卜素50微克，维生素B_1 0.05毫克，维生素B_2 0.25毫克，尼克酸5.3毫克，钙36毫克，磷369毫克，铁4.1毫克。此外，它还含有磷脂、胶质等营养成分。

3. 烹调方法

银耳可炖焖制成甜羹，也可以凉拌或配炒荤素菜肴。银耳柔软滑糯，清爽滋润，风味独特。

作为滋补健身营养佳品，白木耳多用做汤羹。如传统宫廷点心，用银耳、枸杞、冰糖、蛋清一起炖服，不但色相红白相间，而且香甜可口。以鸽蛋与银耳做成明月银耳汤，汤底透明

如兰花，汤上浮蛋如圆月，吃起来松软细嫩，汤鲜味美。用银耳加入参粉煨成羹，不但风味独特，而且具有较好的补益强身作用。经常食用银耳羹，可使肌肤洁白柔嫩，头发乌黑发亮。

4. 保健药用功效

白木耳药用始载于清朝《本草再新》，在我国医学宝库中也久负盛名。中医认为其性平味甘淡无毒，能润肺生津，滋阴降火，益气和血，补脑健心，消除疲劳，补肾强精。不但适用于一切老弱妇孺，病后体虚者，而且对高血压、血管硬化等症尤为适宜。银耳是我国传统的药食两用真菌和传统的滋补珍品，除具有较高的营养价值外，还具有药用价值，被称为"长生不老药"和"延年益寿品"。清代学者张仁安称白木耳："独有麦冬之润而无其寒，有玉竹之甘而去其腻，为润肺滋阴之要品。"《本草问答》称其"治口干肺痿，痰郁咳逆"。临床常用于治疗虚劳咳嗽、痰中带血、虚热口渴、大便秘结、妇女崩漏、神经衰弱、心悸失眠、老年慢性支气管炎、肺原性心脏病等，对白细胞减少症、慢性肾炎、高血压病、血管硬化症，也有一定疗效。

现代医学研究发现，白木耳含有丰富的蛋白质、糖类、脂肪、钙、磷、铁、镁、钾、钠、维生素 B_1、维生素 B_2、烟酸、粗纤维、灰分，以及多种氨基酸、肝糖、植物胶质等。实验研究表明，从白木耳中提取获得的多糖，具有抗癌作用。抗肿瘤多糖 A、B、C，对小鼠内瘤 S-180 有较强的抑制作用。白木耳多糖抗癌机制不同于细胞毒类药物的直接杀伤作用，而是通过提高机体免疫功能，达到间接抑制肿瘤的生长。多糖 A 具有一定的抗放射作用，对钴 60、γ 射线所致放射线损伤有保护作用。据此，经常以白木耳 10 克，加冰糖适量炖服，即可预防癌症。银耳多糖还能显著增强巨噬细胞能力，具有抗炎作用。白木耳多糖还具有抗炎、抗放射线及延缓衰老的作用。白木耳中含有丰富的胶质，对皮肤角质层有良好的滋养作用。磷脂具有健脑安神的作用。白木耳所含的膳食纤维和胶质则有利于中老年人润肠通便。另外，白木耳独特的胶性，作为调制多种食品赋形剂，有利于机体摄入更多营养素，从而抗病延寿。

白木耳诚然为名贵滋养食品和著名补药，其药用价值极为广泛。但因其作用缓慢，需长期服用才能奏效。

5. 食用禁忌

银耳食用前要用清水洗，发足，撕碎，煮烂，以免未煮烂的大块银耳食进后，经胃肠液浸泡而慢慢高度膨胀，堵塞肠腔引起肠梗阻。进食时应细嚼慢咽，切不可囫囵咽下。霉变的银耳不能食用，否则轻者发生头痛、腹胀、呕吐、抽搐和昏晕，重者会引起中毒性休克而死亡。银耳变质后，会滋生耐高温的酵米面黄杆菌，烧煮不会使其毒素破坏。食用变质银耳后的中毒潜伏期为2～72小时，病程长短不等，轻者1～3日恢复，重者2～4日内死亡，病死率15％左右，目前尚无治疗药物。因此，对刚买回或存放过久的银耳需经鉴别后才能食用。干银耳可于食前浸泡水中进行检查。正常的新鲜银耳呈白色，色泽均匀，质地好。变质银耳呈黄色，质地呈腐败状，有明显的异味。风寒咳嗽和湿热生痰咳嗽患者忌食。

6. 食疗方

（1）银耳沙参：白木耳、竹参各10克，淫羊藿3克，加水、冰糖、猪油适量置碗中共蒸，食之能润肺、止咳、滋补。

（2）冰糖银耳：取白木耳5～10克，放冰糖以文火煎烂，冬季每日一碗，可治夏季低热易汗。还可治阴虚发热、夜间盗汗、体倦乏力、口干眼涩等症。

（3）银耳百合：取白木耳10克，百合30克，蒸熟常常食

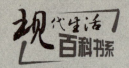

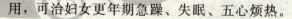

用，可治妇女更年期急躁、失眠、五心烦热。

（4）银耳鹿角：取白木耳 30 克，鹿角 7.5 克，冰糖 15 克，经常炖服。可治阳痿、男性不育症。

（5）银耳莲子赤豆粥：取白木耳、莲子、赤豆适量共煮，每日吃 1 碗，可治高血压、动脉硬化、神经衰弱等症。

（6）银耳沙参百合汤：用白木耳 6 克，北沙参、百合各 10 克，加冰糖适量，水煎服用，治阴虚肺燥引起的干咳少痰、痰中带血等症。

（7）银耳粥：取银耳 50 克，粳米 50 克，豉汁、葱、花椒、盐各少许。将银耳洗去根，切细，然后将粳米、豉汁加适量水煮粥，粥将熟时，放入葱、花椒、盐，再烧一会，即成。此粥空腹食用，可以滋阴润燥，治口干、舌燥。

（8）银耳参：银耳 15 克，太子参 25 克，冰糖适量，入锅加清水，煎煮至耳熟参透，即可食用。此方有益气、养阴、安神之功效，可用于治心慌、心跳、气虚、气短等症。

（9）银耳燕窝：用银耳 20 克，燕窝 10 克，冰糖适量。先将银耳、燕窝洗净，再用水浸泡至涨大而软后，放入冰糖，用笼蒸或用水煮熟，吃银耳、燕窝，喝汤，有滋阴清热，润肺止咳功效，治肺阴虚症。

（10）银耳鹌鹑蛋：取银耳 25 克，鹌鹑蛋 5 个，冰糖适量。先将银耳去根，用清水浸泡 10 小时，洗净后放入碗中，加冰糖，打入鹌鹑蛋，隔水炖 40 分钟，常吃可辅助治疗高血压、高血脂症。

（11）银耳菜叶：用银耳 20 克，菜叶（各种青菜叶）5 克，冰糖适量。先洗净银耳、菜叶，然后将银耳、冰糖同放入瓦罐中炖熟，再将用沸水冲泡后的菜叶和水倒入大碗内，加入炖熟的银耳和汤汁，即可。此方可治疗慢性支气管炎。

（12）银耳红枣粥：银耳15克，收拾干净，加红枣10克，粳米100克。先将银耳用冷水浸胀。洗净米和枣，加水同下锅煮粥，将熟时，加入银耳，煮烂熟即成。此粥每日食用1剂，可治疗痔疮。

（13）银耳煎双草：银耳15克，紫珠草10克，旱莲草12克，用水煎服，每日1剂，每剂煎2次，上下午各服1次，可治疗妇女月经量多、烦躁不眠症。

（14）银耳黄芪：银耳15克，黄芪12克加水共煎，每日1剂，分上下午服用，连服15天，可对白细胞减少症有治疗作用。

（二十）石　　耳

1. 来源与分布

石耳又名岩菇、石木耳、石壁花，属地衣门石耳科植物。其体叶状扁平，呈不规则圆形，背面灰褐色，腹面暗黑色，腹面当中脐状突出物固着于基物上。子囊盘黑色，有碳质囊盘壳，平坦或呈各种形状沟槽。生于悬崖峭壁向阳面，亦有生于树皮上。如遇久雨，绽开朵朵小花，宛如绿茸柔

石耳

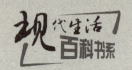

毯，煞是好看。分布浙江、安徽、江西等地，四季可采收，去杂质洗净，阴干备用，以片大完整者为佳。

2. 营养成分

现代医学研究发现，石耳除含多种维生素、胶质、钙、磷、铁外，主要还含有石耳酸、红粉苔酸。

3. 烹调方法

明朝李时珍曰："庐山亦多，状如地耳。山僧采曝馈远。洗去沙土，作菇胜于木耳，佳品也。"清朝曹龙树《庐山居》诗云："石耳三菰供饭，香椿薰笋佐茶。"享有"素中荤"与"植物肉"的美称。《粤志》说："多食饫人，能润肌童颜，在木耳、土耳之上。"如今为蔬，柔软清嫩，味道鲜美，煮、蒸、炒均宜，若与瘦猪肉烹调，其味尤佳。亦可用开水浸后，配酸菜、糟辣等，制成解暑凉拌菜。

4. 保健与药用功效

石耳入药始载于元代《日用本草》，中医认为其性平味甘无毒。能健胃消食，养阴润肺，益肝明目，止血，利水消肿，清热解毒，治鼻衄、吐血、咯血、肝热目赤、肺热咳嗽、肠风下血、痔漏肛脱。《日用本草》称其"清心，养胃，止血"。《本草纲目》言之"明目益精"。《医林纂要》云："补心，清胃，治肠风痔漏，行水，解热毒。"《饮片新参》曰："清肺养阴，治劳咳吐血。"

药理实验表明，有镇咳、祛痰、平喘的效果。据此，临床治疗慢性气管炎，取石耳 15 克，瘦猪肉 90 克，加少许食盐，隔水蒸服。上午蒸 1 次，喝汤；下午再蒸 1 次，药、肉、汤全部服食，观察 50 多岁患者 178 例单纯型气管炎，总有效率 83％。喘息型气管炎 52 例，总有效率 67％。服药后，大多在 3 天内奏效。偶见轻度头昏、胃肠不适、乏力等副作用，但无需停药，这些症状在 2～3 天会自然消失。此外，其热水浸出物经乙醇沉淀，再用冷冻溶解法精制所得的活性物质，有显著抗癌作用。

5. 食用禁忌

脾胃虚寒者，宜少服。

6. 食疗方

（1）石耳酒糟汤：石耳 10～15 克，以白酒糟适量煮服，治毒蛇咬伤。

（2）石耳米汤：石耳焙燥研末，以粥汤每服 5 克，治肠炎、痢疾。

（3）石耳冰糖水：石耳 15 克，水煎去渣加冰糖，月经后 3 天服 3 剂，连服 3 个经期，可以避孕。

（4）石耳鸭蛋汤：取 15 克石耳，与 1 只鸭蛋同煮，喝汤食蛋吃石耳，治鼻衄、吐血。

（5）石耳姜汤：石耳 25～50 克，生姜 3 片，精盐适量，麻油少许，共煮汤饮，可治气管炎喘咳。

（6）石耳桂圆汤：石耳 50 克，桂圆肉 25 克，煮汤服之，可润肌肤、益气色、防癌、抗衰老。

（7）石耳沙参汤：石耳 9 克，沙参 15 克，煎浓汤服，治急性肠炎。

（8）石耳末：鲜品石耳 30 克，洗净，切碎生食，可治痢疾。

（二十一）茯　　苓

1. 来源与分布

茯苓又名云苓、玉灵、松柏芋、土茯苓、松木薯、野苓等。

茯苓寄生于赤松、马尾松的树根上，多为不规则的块状、球形、扁形、长圆形或长椭圆形等，其大小不一，小者如掌，大者似爪，无柄，平卧于菌核表面，厚约 0.3～1 厘米。初时呈白色，老后变为淡黄色。白色者为茯苓，淡红色者为赤茯苓。

茯苓在我国云南、贵州、安徽、浙江、福建、四川、湖北、河南等地山区都有野生。现已有人工栽培。

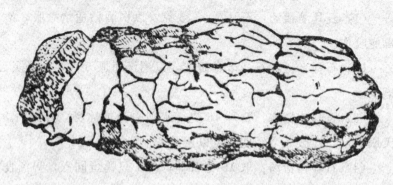

茯苓

2. 营养成分

现代医学研究证实，茯苓含有蛋白质 0.64％～1.06％，脂肪 0.35％～0.51％，此外还含有卵磷脂、葡萄糖、甾醇、茯苓酸、组氨酸、胆碱、矿物质、脂肪酶、蛋白酶以及 β-茯苓聚糖及其分解酶等成分。有很多营养成分是对人体有益的。

3. 烹调方法

茯苓入馔，可制出多种可口的美味食品。例如北京的特产"茯苓夹饼"，食之味美爽口，而且具有滋补作用，并帮助消化。另外，还有茯苓糖、茯苓粥、茯苓粉、茯苓煲鸡肉汤等。对老年人来说，常吃茯苓更有利于身体健康。儿童多吃茯苓饼，也有利于生长发育。

4. 保健及药用功效

茯苓在我国作为药用保健食品已有三千多年的历史，是药中珍品。《神农本草经》把茯苓列为上品，调其"久服安魂养神，不饥延年"。祖国医学认为，茯苓药性缓和，有补心安胎、除湿利水、健脾固精、益智安神之功效。适用于治疗水湿停滞引起的食欲不振、小便不利、大便溏泻、水肿胀满、痰饮以及心脾两虚所致的眩晕、心悸、睡眠不安、失眠多梦等症。茯苓多糖不仅能增强人体免疫功能，而且有较强的杀菌抗癌作用，还能促进钠、氯、钾等电解质的排出，抑制肾小管的重复吸收，因而有利尿作用，对健肾有利。故常吃茯苓对老年性水肿、肥胖症也有益处。

5. 食疗方

（1）茯苓糕：用茯苓 60 克，白糯米 60 克，白粳米 130 克，加适当莲肉、芡实、山药，研成末拌水蒸熟成糕，每天吃 1～2 次，有强身健体延年益寿之功效。

（2）茯苓粥：用茯苓 50 克，粳米 200 克，按常规煮粥吃，常食用能延年益寿。

（3）白茯苓茶：白茯苓 15 克，水 300 毫升，煎水当茶饮，久服渗湿利水，益脾和胃，特别是对胃癌、肝癌有一定疗效。

（4）土茯苓煎茶：土茯苓 15 克，水 300 毫升，煎水当茶饮，每天数次饮用，对辅助治疗膀胱癌有一定作用。

（5）茯苓枣仁汤：茯苓、远志、五味子、酸枣仁各 9 克，加水煎服，适用于心神不安、失眠健忘等症。

（6）茯苓椒目汤：茯苓皮 30 克，椒目 9 克，水煎服，可治水肿、小便不利等。

一、菌类保健与食疗

二、藻类保健与食疗

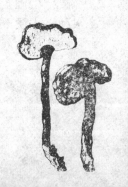

（一）紫　　菜

1. 来源与分布

紫菜又名紫英、子英、索菜，属红毛菜科植物甘紫菜的叶
状体。我国辽
宁、山东、江
苏、浙江、福
建、广东等沿
海浅水岸上，
均有分布。生
长期 11 月至
翌年 5 月，亦
有人工栽培。
采集后干燥备
用，但不宜
多晒。

紫菜

2. 营养成分

紫菜含有丰富的营养成分，每 100 克可食部含水分 10.3
克，蛋白质 28.2 克，脂肪 0.2 克，碳水化合物 48.5 克，钙 343
毫克，磷 457 毫克，铁 33.2 毫克，胡萝卜素 1.23 毫克，维生
素 B_1 0.44 毫克，维生素 B_2 2.07 毫克，尼克酸 5.1 克，维生素
C 1 毫克，碘 1.8 毫克。

3. 烹调方法

紫菜的烹调方法很多，可做汤，可凉拌，做馄饨汤料等。
做紫菜蛋花汤时，加入适量虾米或虾皮，鲜嫩爽口；做凉菜时，
放点紫菜则别具一格，可作为夏天的消暑食品。广东汕头、闽

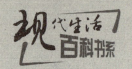

南厦门、泉州一带，人们大多用紫菜做汤、煎饼。

4. 保健及药用功效

紫菜入药始见于唐朝《食疗本草》，其性寒，味甘咸无毒。能化痰软坚，清热利尿，治甲状腺肿大、淋巴结核、咳嗽痰稠、水肿、脚气病、淋病等症。《随息居饮食谱》载紫菜"和血养心，清烦涤热，治不寐，利咽喉，除脚气瘿瘤，主时行泻痢，开胃"。《现代实用中药》言其"治水肿，淋疾，湿性脚气，甲状腺肿，慢性气管炎，咳嗽"。用 15 克紫菜，水煎服或取其煮汤；以油盐调味佐膳，治瘿瘤、瘰疬和痰核肿块。如临床医师发现一患者耳边颈后，生一瘤大如桂圆核，且越长越大。医嘱每天以紫菜汤佐膳，1 个月后竟全然消失。紫菜研末，取 5 克以蜂蜜兑开水送服，每日饭后各 1 次，治肺脓疡、咳嗽痰稠、支气管扩张。紫菜、远志、牡蛎各 15 克，水煎服，治咳嗽、慢性气管炎。紫菜、车前各 15 克，水煎服，治水肿、湿性脚气。鲜紫菜捣泥，涂敷皮肤红肿处，可消炎止痛。若常食紫菜，还可预防白发、秃发。

现代医学研究发现，紫菜所含蛋白质约占 30%，所含人体必需的氨基酸的比率，超过鸡蛋、牛奶等动物食品。由于含谷氨酸、丙氨酸、甘氨酸等呈味氨基酸成分，滋味鲜美。此外，紫菜维生素 A 的含量是牛奶的 67 倍，为鸡蛋的 20 倍，其他维生素及叶酸等含量亦相当丰富。再则，紫菜内含甲基戊糖、葡萄糖及果糖，但脂肪的成分却很低，则不会导致肥胖。紫菜中的钙、磷、铁的含量同样丰富，特别是碘的含量更高，既可预防地方性甲状腺肿大，又可除人体血管壁上的胆固醇，能预防心、脑、肾血管硬化。

5. 食用禁忌

藻类中蓝紫菜、甲藻类等，若与紫菜为邻，则易分泌有毒物质，使紫菜受污染而变成蓝色，其毒素高温亦难破坏分解。故购买时，勿买蓝色的紫菜，家藏紫菜一旦变成蓝紫色或发霉变质，均应弃之勿食，否则易引起中毒，危害健康。又因本品性寒，脾胃虚寒湿涩者不宜食。再则，食过多令人腹胀发气，口吐白沫，饮少许热醋即愈。

6. 食疗方

（1）紫菜夏枯草饮：紫菜、鹅掌菜各 25 克，夏枯草、黄芩各 15 克，水煎服，用于甲状腺肿大。

（2）紫菜萝卜陈皮汤：紫菜 30 克，萝卜 1 个，陈皮 1 克，加油盐适量，煮汤服食，连服半个月为 1 个疗程，停 2～3 天后，再服第 2 个疗程。用于气喘。

（3）紫菜萝卜汤：紫菜 30 克，萝卜 1 个，煮汤服食，用于肺热痰多。

（4）紫菜决明子饮：紫菜、决明子各 25 克，水煎服，治高血压。

（5）紫菜车前饮：紫菜、车前子各 25 克，水煎服，每日分 2 次服，连服数周，治水肿、湿性脚气病。

（6）紫菜远志牡蛎饮：紫菜、远志各 25 克，牡蛎 50 克，水煎服，连服数周，治慢性气管炎、咳嗽。

（7）紫菜猪肉汤：每次用紫菜干品 15 克，猪瘦肉约 100 克，清水适量煎汤，加入油、盐、味精调味服食，治甲状腺肿大、颈淋巴结核、脚气病等症。

（8）紫菜石莼饮：紫菜、石莼各 16 克，贝母、黄芩各 10 克，水煎服，每天 1 次，连服数周，治喉炎、支气管炎。

（9）紫菜淡菜猪肉汤：紫菜 15 克，清水洗净，淡菜 60 克，清水浸透，猪肉 350 克，洗净，同放入瓦锅内兑水同煨，熟后，吃肉饮汤，用于甲状腺肿初起时。

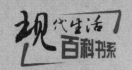

（10）紫菜海藻汤：紫菜、海藻各 15 克，小茴香 6 克，水煎服，连食数周，治睾丸肿瘤、瘿瘤、瘰疬。

（二）海　　带

1. 来源与分布

海带又名昆布、海草，属大叶海藻科多年生沉水草本植物，构造简单，呈叶状体，没有根、茎、叶的区别，但细胞的叶绿素，可进行光合作用。我国辽宁、山东、浙江沿海均有培植。

2. 营养成分

海带除含有大量水分、蛋白质、粗纤维、脂肪、碳水化合物、钙、磷、铁、维生素 B_1、维生素 B_2、维生素 C 等一般营养成分外，还含有藻胶酸、昆布素、甘露醇、半乳聚糖、海带聚糖、海带氨酸、谷氨酸、胡萝卜素及碘等特殊营养成分，以及多种微量元素。

3. 烹调方法

海带的烹调方法很多，如海带炖排骨、海带烧肉、肉丝海带、海带汤、凉拌海带丝等。春、夏、秋季皆可采收，除去杂质阴干，以整齐、肥厚、无杂质者为良。用时以温水浸泡，等变软后洗净烹食。

4. 保健及药用功效

中医视海带为良药，入药始见于南朝梁人陶弘景《名医

海带

别录》，其性寒味咸无毒，入脾、胃二经。能软坚散结，消痰平喘，通行利水，去脂降压。对瘿瘤、瘰病、痰热咳喘、水肿、高血压患者最宜。《本草经疏》称其"咸能软坚，其性润下，寒能除热散结，故主十二种水肿，瘿瘤聚结气，瘘疮"。东垣云："瘿坚如石者，非此不除，正咸能软坚之功也。"古代用海带治病组方甚多，如治瘿瘤的《外台秘要》崔氏海藻散、《三因方》破给散、《医宗金鉴》海藻玉壶汤，又如治瘰疫的《肘后方》海藻酒、《疡医吕全》内消瘰疬丸、《济生方》结核丸。若取海带60克，经常凉拌或煮食，可治高血压、冠心病。同猪肉煮食，治甲状腺肿大、肺痨咳嗽。取海带加粳米、绿豆煮粥食用，可用于皮肤湿毒瘙痒。若与小茴香煎汤饮服，可治睾丸肿痛。

海带中含有丰富的碘，可用来纠正因长期缺碘引起的甲状腺功能不足，使肿大的甲状腺体缩小，又有促进炎性渗出物吸收，并使病态组织崩溃、溶解。海带中的褐藻酸钠盐，可预防白血病和骨痛病，对动脉出血有止血作用，食之可减少放射性元素被肠道吸收。褐藻氨具有降压作用，近年日本科学家用60℃的水浸泡海带，再浓缩渗出液，给高血压患者服用，疗效良好。海带析出物甘露醇，可制成冠心病特效药。甘露醇是一种渗透利尿剂，一旦进入人体则降低颅内压、眼内压，减轻脑水肿、水肿，是高血压、水肿、小便不利病人的食疗佳品。

常吃海带还可预防癌症。譬如所含钙和胡萝卜素，有助于排除癌细胞对胃肠的影响。动物实验表明，制成化癌丹或煎剂，对艾氏腹水癌有抑制作用。又如日本妇女乳腺发病率很低，且生存期比欧美国家要长；爱斯基摩人虽吃大量高脂肪食物，患乳腺癌病率却不高。这跟前者食海带量居世界之首与后者习惯于吃海带相关，因为实验发现，海带能选择性地滤除锶、镉等致癌物质，同时所含纤维不易被消化，吃后增加大便量，使肠

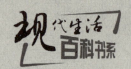

内某些致癌物得以迅速排出体外。

5. 食用禁忌

海带虽然营养丰富，味美可口，但海带含有一定量的砷，若摄入量过多容易引起慢性中毒，故食前需用水漂洗，使砷溶解于水。通常浸泡 1 昼夜换 1 次水，可使其中含砷量符合食品卫生标准。又因海带性寒质滑，故胃虚寒者不宜食用。

6. 食疗方

（1）冬瓜海带豆瓣汤：先将海带 60 克用温水泡发 2 小时，洗净，切丝；冬瓜 1 000 克削皮，去瓤，切成小块备用。将海带丝及豆瓣 60 克一同放入素油锅内爆炒一下，再加入适量清水，烧煮至豆瓣熟透时，把切洗后的冬瓜及细盐一同放入锅中，再加些水，煮至冬瓜熟烂即可。饮汤，食豆瓣。每日 1～2 次，每次 1 碗。宜连服 5 日左右。适用于暑热烦渴、夏季汗出过多等症。

（2）凉拌海带丝：浸发海带 250 克洗净，用开水烫一下，取出切成细丝，放在盘内，把豆腐丝 100 克及酱油、盐、白糖、味精、香油、姜末倒入盘中，加少许香油拌好，即可食用。佐餐食用。适用于老年便秘者，对预防大肠癌的发生有一定的作用。

（3）香橼米醋浸海带：将香橼 9 克、海带 120 克放在 1 000 毫升米醋中浸泡 7 日。每日吃海带 6～9 克，连食 2 周。适用于肝郁气滞型单纯性甲状腺肿。

（4）红糖腌海带：将适量海带洗净去沙，用锅加水煮烂后切成细丝，盛入碗中以适量红糖腌拌 2 日。作菜常吃。适用于痰气郁结型单纯性甲状腺肿。

（5）海带拌三丝：将海带 150 克和香干 3 块各用沸水淋冲后，切丝，沥干；水发绿豆线粉 50 克切成段，绿豆芽 150 克用沸水焯 1 分钟后沥干,将上述 4 味相合,调入适量酱油、米醋、芝麻酱、精盐、白糖、味精拌匀;如嗜辣椒者加辣椒油。佐餐食。适用于甲状腺肿大者。

(6) 海带鸭子汤:取海带 120 克洗净,用温水浸泡 6 小时以上,连浸泡水倒入沙锅内;将鸭子宰杀后,去净毛和内脏,亦放入沙锅内,与海带一起,在文火上炖至熟烂为止。吃肉,喝汤,1 周吃 2 次,治愈为止,适用于单纯性甲状腺肿。

(7) 绿豆海带陈皮粥:取海带 50 克切丝,锅内加水,加入大米 30 克、绿豆 60 克、海带、陈皮 6 克;煮至绿豆开花,米熟烂,加红糖 60 克全溶,调匀即可。随意服。适用于缺碘性甲状腺肿大、青春期甲亢等。

(8) 海带茶:取海带 500 克用水浸泡 24 小时后,切成细丝,再用铁锅炒干,即可用来沏茶。每日 1 次,每次 3 克,开水冲泡,徐饮,适用于单纯性甲状腺肿大。防治甲状腺功能障碍、高血压及动脉硬化等症。

(9) 海带爆木耳:取海带 100 克,黑木耳 250 克,分别洗净,切丝备用。菜油烧热,爆香蒜、葱花,倒入木耳丝,急速翻炒,加入酱油、精盐、白糖、味精,淋上香油即可。佐餐食。适用于高血压、紫癜等症。

(10) 海带决明汤:取海带 30 克洗净,浸泡 2 小时,连汤放入沙锅,再加草决明 15 克,煎 1 小时以上,饮汤,海带可吃。血压不太高者,1 日 1 剂,病重者可每日 2 剂。清热明目,降脂降压。

(11) 脊骨海带汤:将适量海带丝洗净,先蒸一下;将适量动物脊骨炖汤,汤开后去浮沫,投入海带丝炖烂,加盐、醋、味精、胡椒粉等调料即可。食海带,饮汤。适用于脂肪肝。

(12) 糖醋海带丝取海带 300 克水发 1 天以上,反复漂洗干

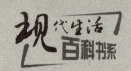

净，切成丝；植物油烧热后，放入葱、姜丝，爆香后倒入海带丝，加入黄酒、酱油、糖、盐等，并加适量水，文火炖 15 分钟，浇上醋。可单食或佐餐。适用于痰气郁结、颈淋巴结核、老年疝气下坠、甲状腺肿大等症。

（13）芹菜海带拌鸭丝：取嫩芹菜、海带丝各 150 克入沸水内焯熟切丝；取鸭肉 100 克用盐腌 1 小时后加黄酒上屉蒸熟，取出撕成丝条。将三丝加麻油、酱油、精盐、白糖、味精同拌。做凉菜食。适用于病后虚羸、食欲不振、热毒痈疮等症。并可预防皮肤病及皮肤癌症。

（14）羊肝海带大枣汤：取羊肝 30 克，海带 50 克，并分别切细，加大枣 1 个同煮汤。吃羊肝、海带，喝汤。适用于耳鸣。

（15）海带绿豆汤：取玫瑰花 9 克并用纱布包好；取甜杏仁 9 克用沸水浸泡去皮；取海带 15 克温水泡发好切成丝。将以上各原料与 15 克绿豆放入锅内，加适量清水煮至绿豆开花软烂即成。拣去玫瑰花，吃绿豆粥。适用于痤疮。

（16）绿豆鱼腥草海带汤：取绿豆 30 克，海带 20 克，鱼腥草 15 克，同放锅内加水煮汤，加白糖适量调味。吃海带、绿豆，饮汤。每天 1 次，7 天为 1 疗程。适用于各种湿疹。

（17）海带紫菜瓜片汤：取冬瓜 250 克，去皮、切片，瓜皮备用。用瓜皮、瓜片同煮汤，弃瓜皮，加入海带丝 100 克，煮沸 2 分钟，调入黄酒、精盐、酱油、味精后，倒入盛放 15 克紫菜的汤碗内，淋上麻油。佐餐食。适用于湿疹、等麻疹等。

（三）海　　藻

1. 来源与分布

海藻又名落首、海萝、乌菜、海带花，为马尾藻科多年生

褐藻，属羊栖菜或海蒿子的全草。洋栖菜又称小叶藻，肉质黄色，高7～40厘米。主产于福建、浙江、广东。海蒿子又称大

海藻

叶藻，暗褐色，高30～100厘米，固着器扁平盘状，主轴圆柱形，两侧呈钝角或直角羽状分枝及腋生小枝，叶状突起披形或倒卵形，边缘有锯齿，生殖托单生或总状排列于生殖小枝上，主产于山东、辽宁等地。两者均生于低潮线下海水激荡处的岩石，夏秋季从海中捞取或割取，去净杂质，以淡水洗净晒干。

2. 营养成分

现代医学研究发现，海藻含藻胶酸、蛋白质、糖类、纤维素及十多种维生素，还含胆碱、脯氨酸、甘露醇、纤维素、钾、碘等成分。海藻最大特点含碘颇丰，对维持人体正常生理功能，具有重要作用。

3. 保健及药用功效

海藻食用历史悠久，早在春秋时期，《诗经·周南》载云："于以采藻，于沼。"如今，取之烹饪菜肴，滋味鲜美可口。近年被奉为餐桌上的健康食品，且享有"长寿菜"的美誉。

海藻入药始载于汉朝《神农本草经》，中医认为其性寒味咸微苦，入肺、脾、肾三经。能软坚散结，祛咳化痰，消肿利尿，咸微苦，治瘿瘤、瘰疬、水肿、脚气、肿瘤、睾丸肿痛。《本经》载：海藻"主瘿瘤气，颈下核，破散结气、痈肿症瘕坚气，

二、藻类保健与食疗

67

腹中上下鸣，下十二水肿。"《别录》称其"疗皮间积聚，留气，热结，利小便。"《药性论》云："治气痰结满，疗疝气下坠，疼痛核肿。"孟诜曰："主起男子阴气，常食之，消男子疾。"

药理试验表明，藻胶酸钙作外科敷料，有止血作用，可降低血清中胆甾醇含量，尤其降低 β-谷甾醇最强。藻胶酸钠可制作血浆代用品，扩容效力较强，可增进造血功能。如英国用消毒海藻纤维软垫，贴在小腿溃烂处，可吸收伤口中液体，其中钠离子与藻胶酸钙发生反应，逐渐转为可溶性藻胶酸钠，可促进伤口愈合。威尔士外科敷料药理学家史蒂夫，对 81 例小腿溃疡病人进行 6 个月试验观察，用海藻治愈小腿溃疡，比用传统液体石蜡纱布包扎治疗快 5 倍，1 周换药 2 次，既操作简便，又使患者无疼痛。钠盐可作为维生素 C 水溶液的稳定剂，对口服碱金属放射性同位素起保护作用，藻胶酸与等分子苯丙胺制成合剂，可作为食欲抑制剂，能减肥而不引起失眠。

近年还发现海藻含抗肿瘤、抗细菌、抗病毒、抗凝血的物质，并研制出对胃溃疡、糖尿病、心血管病、乳腺癌有一定疗效。譬如现代营养学家要求人们摄入的食物酸碱平衡，而米、面、动物性食品均属酸性食物，加之同时常吃易使体内排钙的白糖，致使血液呈酸性，为癌瘤发生创造条件。倘若经常食用海藻，能有效调节血液酸碱度，减少癌瘤发生机会。青壮年人白发，主要原因在于缺碘，使甲状腺激素分泌不足而引起人体毛发及皮肤代谢失调。若常吃海藻食物，会使毛发光泽乌黑，皮肤细腻。

4. 食用禁忌

脾胃虚寒蕴湿或身体虚弱者不宜食用，且不可与甘草同用。

5. 食疗方

（1）海藻酒：取 250 克海藻切段，浸入 500 克白酒内数日，每日 3～5 次少少饮之，治颔下瘰疬大如梅李、颈下结囊欲成瘿。

（2）海藻僵蚕丸：以海藻、白僵蚕各 30 克，分别微炒研末，取白梅 15 克以开水泡汤取汁，合药制成小丸，每以米粥汤送服 6 克，治疗疬多如蛇盘。

（3）海藻茴香橘核：取海藻 30 克，以橘核 12 克，小茴香 10 克，水煎或制丸饮服，治癞疝、睾丸肿大。海藻煎汤服，或同紫菜、海带交替服用，治高血压、动脉硬化。

（4）昆布海藻煮黄豆：取昆布 30 克，海藻 30 克，分别加水浸泡 1 天，漂洗干净，切碎，与黄豆文火煮汤，待黄豆熟，加白糖调味服用。日服 2 次。适用于单纯性甲状腺肿、慢性颈淋巴腺炎以及高血压属阴虚有热者。

（5）海藻郁金丹参汤：取海藻、丹参各 15 克，郁金 9 克，将前 3 味药煎汤取汁，调入红糖即成。每日 1 剂，连服 2～4 周。适用于痰气郁结之甲状腺明显肿大，形成结节及胸闷气短等症。

（6）猪肉海藻汤：取猪肉 150 克洗净切丝，加入海藻、夏枯草各 30 克同煮至肉熟为止，食盐调味。佐餐食。适用于颈淋巴结核。

（7）海藻薏米粥：取海藻 9 克，昆布 15 克，甜杏仁 10 克，薏米 30 克，将前 3 味药加水 750 毫升，煎取汁 500 毫升，用药汁与薏米同煮成粥即可。每日 1 次，代早餐食用，连用 20～30 天。适用于痰瘀结聚所致的面部痤疮、寻常疣等皮肤病。

（8）慈姑海藻粥：取山慈姑 30 克，海藻 10 克洗净，煎汁去渣，加入粳米 100 克共煮成粥。每日 2 次，温服。适用于子宫癌、阴茎癌。

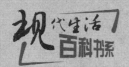

菌·藻养生手册

（四）发　菜

1. 来源与分布

发菜又名头发菜、念珠藻，为念珠藻科野生藻类植物。藻体细长，黑绿色，成毛发状的群体。由多数球形或椭圆形的细胞联结成丝状，共同埋没在胶状物质中而形成，藻体的微细结构与葛仙米相同。发菜贴在荒漠植物的下面，因其形如乱发、颜色乌黑，得名"发菜"，也被人称之为"地毛"，是一种极名贵的食物。因发菜跟"发财"谐音，港、澳、台同胞和海外侨胞特别喜欢它，不惜以重金购买馈赠亲朋或制作佳肴。但是，为了保护中国西北的生态环境，目前中国内地和香港已不提倡食用发菜。

2. 营养成分

发菜为一种营养价值很高的食用菌。据测定，每100克发菜（干品），含水分10.5克，蛋白质22.8克，脂肪0.68克，膳食纤维21.9克，碳水化合物36.8克，维生素 B_1 0.23毫克，钾108毫克，钙875毫克，镁132毫克，铁99.3毫克，锰3.51毫克，锌1.67毫克，磷66毫克，硒7.45

发菜

微克。此外，还含有藻胶、藻红元等人体需要的营养成分。其含脂肪量极微，故有山珍"瘦物"之称。

3. 保健及药用功效

中医认为，发菜性味甘寒，具有益肝潜阳，清肠止痢，清热消滞，软坚化痰，理肠除垢的功效。发菜还具有降血压、调节神经等多种作用，对高血压、冠心病、高血脂、红斑狼疮、酒糟鼻、斑秃、多头屑等病症有治疗作用。发菜还有美容作用，如将鱿鱼置沸油锅中稍煸，再加适量黄酒、食盐等作料，然后以洗净的发菜同水共煮。经常食用，既滋润皮肤，使之光洁细嫩，又能舒展或消退皱纹。若治色素沉着，用适量发菜、荸荠煮汁，取之揩面可消除色斑。据此，堪称驻颜悦色的美容佳品。

4. 食疗方

（1）发菜肉末皮蛋粥：取 6 克发菜洗净，肉末 30 克，番茄、皮蛋各一个去皮壳切丁，一起放入以 60 克粳米烧开的粥锅内，调入麻油、味精、食盐为作料，煮成粥。食之清热消滞、化痰止痢，且滋味鲜美。

（2）发菜荸荠汤：发菜 10 克，荸荠 15 克，水煎服，或加油盐调味煮汤食，可防治高血压。

（3）发菜藏红花饮：发菜 10 克，藏红花 3 克，水煎服，可用于月经不调。

（4）发菜车前草饮：发菜、车前草各 10 克，水煎服，可用于小便不利、水肿。

（5）发菜拌青蒜：发菜 100 克，青蒜、茭白适量，细盐、味精、胡椒末、麻油少许，制成凉拌菜食用，可用于肥胖症。

（6）发菜红枣冰糖汤：发菜、白果仁各 25 克，莲子 50 克，红枣 20 枚，冰糖 125 克，兑清水适量，共煮汤服用，治慢性气管炎、佝偻病。

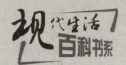

（五）石 莼

1. 来源与分布

石莼又名莼菜、石被、海莴苣、海白菜、大腹消、蛎皮菜，为石莼科植物石莼或孔石莼的叶状体。唐人陈藏器曰："石莼生南海，附石而生，似紫菜色青。"由两层细胞构成黄绿色藻体，长可达 40 厘米，近似卵形，边缘常略有波状。借基部多细胞固着器，吸附在岩石上。其干燥叶状体质地松软，甚薄，易碎。生长在海湾内、中潮带及低潮带的岩石上或石沼中，我国沿海地区均产。冬春两季采收，洗净晒干备用。

石莼

2. 营养成分

现代医学研究发现，石莼中含有蛋白质、粗纤维、二氧化硅、钠、钙、镁、氯、酸性多糖、糖醛酸等。孔石莼含有蛋白质、脂肪、戊聚糖、氨基酸、脂肪酸、香荚蓝醛、生物素、维生素 B_{12} 等成分。

3. 保健及药用功效

石莼入药始载于唐代《本草拾遗》，中医认为其性凉味甘微咸无毒。能软坚散结，清热润燥，渗利小便，对颈项瘿瘤瘰疬、暑热烦渴、水肿、小便不利者，均为适宜。《海药本草》称其"小便不利，脐下结气，宜煮汁饮之"。

4. 食用禁忌

石莼南方沿海为多，可蔬可药。但其性寒凉，脾胃虚寒，便溏泄泻者，则不宜食用。

5. 食疗方

（1）取石莼 30～60 克，加水煎汤服用，治疗热结膀胱、小便不利。

（2）民间常取石莼、海带各 30 克，加水煮食，可治颈项瘿瘤瘰疬、甲状腺肿大等症。

（3）取五莼 50 克，枸杞苗 30 克，煮汤服食，可治暑热烦渴、咽喉干痛。

（六）地　　耳

1. 来源与分布

地耳为蓝藻门含珠藻科植物葛仙米的藻体，又名地见皮、地踏菜。生长范围很广，适应性很强。

2. 营养成分

地耳每 100 克干品含蛋白质 14.6 克，脂肪 0.2 克，碳水化合物 51.2 克，钙 406 毫克，磷 157 毫克，铁 290 毫克，热量为 1 108 千焦。

3. 烹调方法

地耳色味形俱佳，口感甚好。似木耳而脆，但比木耳鲜嫩；

73

如粉皮之软，但比粉皮脆，润而不滞，滑而不腻，有一种特有的爽适感。食用方法很多，可炒食、凉拌、馏、烩、作羹等。

地耳

4. 保健与药用功效

地耳性味寒淡，具有清热、收敛、益气、明目的功效。主治夜盲、脱肛。外用烧伤、烫伤。地耳是物美价廉的营养保健食品。

5. 食疗方

（1）地耳菜：地耳适量，清水洗净，随意作菜常吃，治夜盲症。

（2）地耳白糖汁：鲜地耳60克，清水洗净，用白糖适量浸泡，取汁内服，治久痢脱肛。

（3）地耳炒韭菜：鲜地耳100克，韭菜250克，共炒，调味，食用。适用于子宫脱垂、阳痿遗精、白带等症。

（4）地耳炒猪肉：每次用鲜地耳60～120克（干品10～30克），瘦猪肉200克，切成小块，加适量食油、酱油、食盐等调味品，煮成菜食，时时服食。适用于肝血虚少、目昏眼花、夜

菌·藻
养生手册

盲等症。

（5）地耳野菊汤：干地耳、野菊花各 15 克，蒲公英 30 克，加清水适量，煮汤饮服，每天 2 次，连饮数日，用于肝热目赤、双目肿痛。

（6）地耳肉丁花生米：鲜地耳 100 克，熟猪肉丁、油炸花生米各 50 克，将地耳洗净，入沸水锅焯透，捞出波干水，放入盘中，加入熟猪肉丁、花生米，再加入酱油、味精、精盐调味，最后淋上麻油，作为凉拌菜食用，适用于身体虚弱者。

（七）麒 麟 菜

1. 来源与分布

麒麟菜为藻类植物红翎菜科麒麟菜的藻体，又名鸡脚菜。藻体长 12～30 厘米，肥厚多肉，紫红色。分布于我国台湾省、海南省沿海。

2. 营养成分

麒麟菜含黏胶质、蛋白质、脂肪、维生素、矿物质。

3. 保健及药用功效

麒麟菜性味苦咸平，具有清热、消痰的功效。适用于气管炎、咳嗽痰结、痔疮等。《本草纲目》载"消痰，能化一切痰结、痞积、痔毒。"

麒麟菜

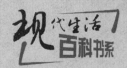

（八）刺 松 藻

1. 来源与分布

刺松藻为藻类植物松藻科刺松藻体，又名鼠尾藻、刺海松、软软菜等。藻体黑绿色，海绵质，幼体被白色绒毛。高 10～30 厘米，向上多分叉枝。生长在低潮带岩石上。渤海、黄海多见，采收幼体鲜食。

刺松藻

2. 营养成分

刺松藻幼藻体每 100 克含蛋白质 13.3 克，脂肪 0.45 克，碳水化合物 16.79 克，还含有多种维生素、矿物质等。

3. 保健及药用功效

刺松藻性味甘咸寒，具有清热解毒、消肿利水、驱虫的功效。用于水肿、小便不利等。刺松藻驱虫疗效较高。

（九）琼 枝

1. 来源与分布

琼枝为藻类植物红翎菜科琼枝的藻体，又名海菜、菜子、石花菜等。藻体呈紫红色或黄绿色。鲜食或制成腌制品。

2. 营养成分

琼枝含琼胶、多糖、黏液质、蛋白质、维生素、矿物质。

3. 保健及药用功效

琼枝性味甘咸寒，具有润肺化痰、清热软坚的功效。用于支气管炎、痰结、瘿瘤、肠炎、痔疾等。《本草纲目》载"清肺部热痰，导肠中湿热，阴虚湿热、痔血等症，皆可用之。"

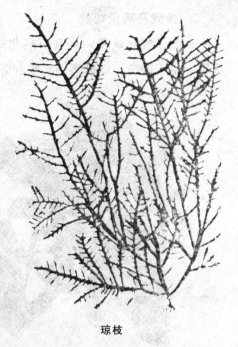

琼枝

4. 食用禁忌

孕妇不宜多食；脾胃虚寒者慎食。

（十）软 丝 藻

1. 来源与分布

软丝藻为藻类植物丝藻科软丝藻的藻体。藻体为圆筒形细胞相连而成的单列丝状体，固着在中潮带岩石上，分布于各海区。

2. 营养成分

软丝藻每100克藻体含有蛋白质22～32克，脂肪0.31克，粗纤维4.38克，可溶无氮物46.2克等。

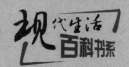

3. 保健及药用功效

软丝藻性味咸寒，具有清热化痰、利水解毒、软坚散结的功效。用于喉炎、咳嗽痰结、水肿等。脾胃虚寒者忌食用。

软丝藻（海苔）

（十一） 鹅 肠 菜

1. 来源与分布

鹅肠菜为藻类植物萱藻科鹅肠菜的嫩藻体，又名脚皮菜、鸡肠菜。藻体暗褐色，丛生，扁平，叶片状，体高 10～20 厘米。分布在我国东海、南海。

2. 营养成分

鹅肠菜含褐藻酸 31.7%，甘露酸 7.19%，粗蛋白 16.9%，灰分 28.76%，碘 0.011%。

3. 保健及药用功效

鹅肠菜性味咸寒，具有清热祛痰、软坚散结的功效。用于淋巴结肿、干咳型肺结核等。

鹅肠菜

三、保健食谱

（一）美肤养颜类

木耳炒牛肉

原料：牛腿肉 250 克，水发木耳 100 克，小菠菜 25 克，黄酒、精盐、味精、酱油、葱花、姜丝、色拉油各适量。

制法：将牛肉洗净切片。木耳去杂洗净，撕成小片。将菠菜去杂洗净。锅内油热，放入姜葱煸香，投入牛肉煸炒，加入酱油、精盐、料酒继续煸炒，投入木耳，加适量水煸炒至牛肉熟透，放小菠菜煸炒入味，点入味精推匀即成。

功效：木耳具有益气润肺、轻身强志、活血养容等功效。牛肉具有补脾胃、益气血、强筋骨等功效。与小菠菜同组成木耳炒牛肉，含有丰富的营养成分，具有补脾胃、益气血的功效。可作为虚损羸瘦、消化不良、腰膝酸软、高血压、动脉硬化、贫血等病症患者的营养食疗菜肴食用。健康人常食之可强筋骨，健脑益智，泽肤养颜。

红菇炖猪蹄

原料：鲜红菇 150 克，猪蹄 1 只，料酒、精盐、味精、酱油、葱段、姜片各适量。

制法：将猪蹄择净毛杂，下沸水锅焯一下，洗净血污。红菇去杂洗净撕片。锅内放猪蹄和适量水，武火烧沸，加入料酒、精盐、味精、酱油、葱、姜，改为文火炖至猪蹄熟，加入红菇烧至猪蹄熟烂，出锅即成。

功效：红菇具补虚养血的功效。猪蹄含有蛋白质、脂肪、动物胶质等成分，具有补血、通乳的功效。此菜具有补虚、养

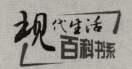

血、通乳的功效。用以治妇女产后贫血、乳少以及痈疽、疮毒等病症。健康人食之，因含有丰富的动物胶质，有润滑肌肤而健美的作用。

金针菇炖猪蹄

原料：水发金针菇100克，猪蹄1只，黄酒、精盐、味精、葱段、姜片、肉汤各适量。

制法：

（1）将金针菇洗净，猪蹄净毛洗净，放入沸水锅焯10分钟，捞出洗净，再放入沸水锅焯透。

（2）锅中放肉汤、猪蹄烧沸后，加入料酒、精盐、味精、葱段、姜片、金针菇，文火炖至猪蹄熟烂，拣出葱、姜，出锅即成。

功效：此菜以补气养血、抗癌强身的金针菇，配以猪蹄经烹制而成，其功在补益气血、通乳。常可作为体虚、气血亏虚、贫血、头昏眼花、短气乏力或产后气血亏乳汁少等病症的辅助食疗菜肴食用。健康人食之益智健脑，润肤健美。

清炒虾仁银耳

原料：水发银耳150克，虾仁150克，鸡蛋4个，精盐、味精、酱油、色拉油各适量。

制法：将银耳去杂洗净，切成末。虾仁洗净，放入碗内，加入精盐、味精。鸡蛋磕入碗内搅匀。油锅烧热，放入虾仁煸炒，加入精盐、味精、酱油煸炒，倒入鸡蛋、银耳拌炒，至鸡蛋熟即可出锅。

功效：虾仁具有补肾壮阳、通乳、脱毒的功效。鸡蛋具有滋阴润燥、养血安胎的功效。银耳与两物相合烹制成此菜，含有丰富的营养成分，具有补肾强精、滋阴润燥、益胃润肠、补气养血等功效。可作为肺热咳嗽、肺燥干渴、肾虚阳痿、胃炎、便秘等病症患者食疗菜肴。健康人食之，强心健身，嫩肤美容，延年益寿。

银 耳 粥

原料：银耳5克，粳米100克，冰糖适量。

制法：将银耳用温水泡发，去杂洗净，撕成小片；粳米洗净。将银耳、粳米一起下锅，放入适量水，大火煮沸，改为小火煮约30分钟，加入冰糖，煮至成粥即可出锅。

功效：银耳含蛋白质、糖类、钙、磷、铁、维生素 B_1、维生素 B_2 等营养成分，具有强精补肾、补脑提神、美容健肤、延年益寿的功效。银耳酸性多糖，能提高人体的免疫力，起扶正固本作用，配以补中益气、健脾和胃、除烦渴的粳米，煮成银耳粥有补中益气、健脾肾、美容健肤、延年益寿的作用。对肺热胃炎、大便秘结、老人慢性支气管炎等病症有一定疗效，还有一定抗癌作用。

紫菜猴头菇汤

原料：水发猴头菇100克，紫菜20克，瘦猪肉50克，鸡蛋1只，荸荠片、火腿片各25克，精盐、黄酒、味精、酱油、胡椒粉、淀粉、麻油、鲜汤各适量。

制法：

（1）将水发猴头菇去杂洗净切成薄片，放入沸水锅中焯透捞出沥水。瘦猪肉剁成肉泥放入碗中，加鸡蛋清、淀粉、精盐、味精、黄酒、麻油、鲜汤，搅成糊状。

（2）取盘1只，抹上麻油，将紫菜用手揉碎，将猴头菇用

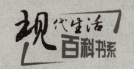

筷子挟住，在蛋糊中蘸匀，粘上紫菜放盘内，上笼蒸5分钟取出。锅内加鲜汤，放入荸荠片、火腿片、黄酒、酱油、胡椒粉，汤开后加入味精，撇去浮沫，盛入大碗内，将蒸好的猴头菇片放入汤内即成。

功效：滋补养颜，乌发美发。

鸡茸茉莉竹荪

原料：干竹荪、鸡肉茸各50克，鲜茉莉花10克，鲜汤500克，黄酒、酱油、精盐、味精各适量。

制法：

（1）先将竹荪用温水浸发泡透，剪去两端，切成段，放入沸水锅中焯熟，捞出沥干水。茉莉花择洗干净备用。

（2）汤锅上旺火，加鲜汤烧热，加入用清水化开的鸡肉茸，待鸡肉茸受热浮起，捞出他用。将汤锅内的汤倒出过箩，去渣，将汤再倒回汤锅内，加黄酒、酱油、精盐、味精，待汤烧开后撇去浮沫，加入竹荪段烧开，出锅盛入汤碗中，撒入茉莉花即成。

功效：补虚美容。

口蘑蒸饺

原料：面粉350克，口蘑50克，猪腿肉、笋末各20克，黄酒15克，酱油、麻油各10克，精盐3克，味精2克，植物油25克。

制法：先将口蘑洗净、泡发后切成碎粒，与剁成碎粒的猪腿肉一起放入碗内，再加入精盐、酱油、黄酒、味精、笋末、麻油及泡口蘑水之澄清液，用力搅和均匀成馅。将面粉用80℃的水搅成软面团，并将其分成20份，用面棍擀成薄皮，将每张圆皮卷边成三角形，包入馅，将尖角捏拢，再将皮边翻上，并推捏成裙边，上笼蒸10分钟即成。

功效：滋阴益气，滑润肌肤。

口蘑鸡皮鸭掌

原料：口蘑、鸡肉茸、鸡皮各50克，鸭掌5对，味精2克，黄酒15克，淀粉25克，鲜汤500克，生姜汁、精盐各适量。

制法：先将鸡皮切成骨牌块，再将鸭掌剔去骨，切成条，并与鸡皮片一起用开水焯透，捞出控去水。将口蘑放入碗内，用开水沏泡捞出（口蘑汤澄清待用），加入精盐反复揉搓，再用清水洗去泥沙，切成片，放入开水中焯一下，捞出备用。汤锅上火，加鲜汤烧热，将鸡肉茸放入碗中，加入清水适量调匀，倒入汤锅内，待鸡肉茸受热浮起，捞出待用。将汤锅内的汤倒出过箩，再倒回原锅内，加入味精、黄酒、生姜汁、鸡皮片、鸭掌条、口蘑片，待汤烧开，撇去浮沫，加入澄清的口蘑汤，用淀粉勾芡，盛入汤碗中即成。

功效：健脾养胃，滋阴润肤。

香菇焖鸡翅

原料：水发香菇50克，肥仔母鸡翅膀10对（重约600克），味精1克，葱段100克，生姜末5克，红葡萄酒15克，酱油、麻油各25克，鲜汤750克，色拉油500克（实耗约50克），白糖10克。

制法：先将肥仔母鸡翅膀从肋下顺骨缝处切下，再从翅膀中弯处顺骨缝改刀截成两段，斩去翅尖洗净。炒锅上火，放油烧至八成热，将鸡翅下锅炸至色呈金黄，倒入漏勺沥油。炒锅

再上火，放入鸡翅，加白糖、酱油、葱段、生姜末，略烧至鸡翅上色，放入沙锅内，加入鲜汤；在旺火上炖沸，撇去浮沫再上微火焖至鸡翅酥透，将鸡翅捞出。另换小沙锅，小翅垫入锅底，大翅沿锅边排成菊花形，将原汤倒入沙锅，加红葡萄酒、味精，炒锅再上火，放麻油烧至六成热，放入葱段、香菇略炒，倒入沙锅，置微火上炖约25分钟即成。

功效：补虚抗癌，美容润肤。

奶油扒香菇菜心

原料：香菇50克，大青菜心500克，火腿、水海米各25克，葱15克，生姜2克，鲜牛奶100克，面粉5克，精盐4克，味精0.2克，鲜汤200克，湿淀粉20克，黄酒、麻油各10克，色拉油500克。

制法：先将菜心洗干净，根部削尖，削1寸长的十字刀口，香菇坡刀片两片，火腿切成花刀长片，葱姜切米待用。炒锅上火，放油烧至七成热，投入菜心过油，倒入漏勺中，沥净余油，将菜心整齐地摆在盘中待用。炒锅上火，加麻油5克，烧热后投入葱姜米，烹入鲜牛奶，搅至油和牛奶融合，加入鲜汤，用手勺搅成乳白色，将菜推入锅中，投入火腿片、香菇片、海米，加入精盐、黄酒、味精，烧开后移小火上，加盖继续烧，见汤汁不多时再移旺火上，用湿淀粉勾芡，淋入热油，将菜心翻身，转动炒锅，淋上麻油出锅推入盘中，将香菇片、火腿片摆在菜心上面即成。

功效：养颜美容。

酿 香 菇

原料：罐头鲜香菇20只，嫩豆腐、素鲜汤各100克，冬笋、雪里蕻各 50 克，生姜汁 15 克，黄酒 5 克，青豆、麻油各 20 克，精盐、味精、湿淀粉各适量。

制法：将香菇修平，加少量生姜汁、黄酒、精盐拌匀腌一下，挤净水分，再将豆腐、冬笋、雪里蕻切成末，加精盐、味精、生姜汁、黄酒、麻油拌匀成馅。每只香菇酿满馅心并抹平，将青豆捻去皮，分两瓣插满香菇周边，待逐一做好后入笼蒸 20 分钟取出，摆在平盘中。锅中加素鲜汤、精盐、味精烧沸，用湿淀粉薄芡，淋上适量麻油，浇在香菇上即成。

功效：益气利肠，生津润燥，益气补虚。

香菇鸡片

原料：水发香菇 150 克，嫩鸡脯 150 克，去皮黄瓜 50 克，精盐、鸡蛋清、葱头、生姜、黄酒、味精、香油、湿淀粉各适量。

制法：先将香菇洗净，控干水。黄瓜洗净后切成丁，葱切厚片，生姜切小片，鸡脯肉洗净后两面剞十字花刀，切成丁放入碗内，加鸡蛋清、精盐、味精、湿淀粉拌匀。在小碗骨放精盐、味精、酱油、黄酒、湿淀粉，加水适量兑成汁水。炒锅上旺火，放香油适量，待油烧至五成热时，将鸡丁下入滑至八成熟，倒入漏勺中，再在锅中放适量油，放香菇炒香，接着下葱、生姜、黄瓜丁炒透，再倒入鸡丁炒匀，浇下兑好的汁水，将锅颠翻几下，起锅装盘即成。

功效：爽口开胃，清热止渴，嫩肤美容。

烩鲜蘑豆腐

原料：嫩豆腐 500 克，鲜蘑菇 100 克，黄酒糟 35 克，湿淀粉、鸡油、白糖各 25 克，精盐 3 克，味精 2 克，鲜汤 1 000 克。

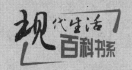

制法：将嫩豆腐切成小块，下沸水锅中焯透。鲜蘑菇洗净，用刀批成整圆片，然后下沸水锅中焯透。炒锅放油烧热，加入鲜汤、豆腐块、味精、白糖、精盐、鲜蘑片，用旺火煮沸，撇去浮沫，用小火炖至入味，放入黄酒糟，复置旺火烧沸，用湿淀粉勾芡，淋上鸡油即成。

功效：益气和中，健脾开胃，抗衰健肤。

炒 双 菇

原料：鲜蘑菇 100 克，水发香菇 100 克，精盐、黄酒、味精、酱油、白糖、麻油、生姜末、色拉油、湿淀粉、鲜汤各适量。

制法：将香菇、鲜蘑菇去杂洗净，切成薄片。炒锅上火，放油烧热，下生姜煸香，加入香菇、蘑菇煸几下，加入黄酒、酱油、精盐、白糖继续煸炒入味，然后加鲜汤烧开，点入味精，用湿淀粉勾芡，淋上麻油，推匀装盘即成。

功效：滋补强壮，益气滋阴，嫩肤抗衰。

鲜蘑炖泥鳅

原料：鲜蘑菇、泥鳅各 250 克，精盐、黄酒、酱油、胡椒粉、葱段、生姜片、麻油各适量。

制法：将泥鳅去内脏洗净，鲜蘑菇去杂洗净，切成厚片。炒锅上火，加入麻油烧热，放入生姜片、葱段煸香，放入泥鳅，烹入黄酒，加入清水、蘑菇、精盐、酱油，用旺火烧沸撇去浮沫，改为小火炖至泥鳅肉熟透，撒入胡椒粉，淋上麻油出锅即成。

功效：滋阴养颜，暖中益气。

草菇炒肉丝

原料：猪瘦肉 300 克，水发草菇 300 克，黄酒、酱油、精盐、味精、麻油各适量。

制法：将猪瘦肉洗净，切成丝。草菇用温水泡 10 分钟，洗净泥沙，切成片。炒锅上火，放油烧热，投入肉丝爆炒近八成熟时，即投入草菇炒 10 分钟，放入黄酒、酱油、精盐，炒至肉和草菇入味，点入味精即成。

功效：润肤美容。

清 炖 草 菇

原料：干草菇 25 克，黄酒、精盐、味精、生姜片、色拉油各适量。

制法：将干草菇去杂用温水浸发，冷水洗净。锅内加入清水、草菇、黄酒、精盐、味精、生姜片、植物油，加热炖至草菇熟且入味，起锅装汤碗。

功效：润肤祛斑，防癌抗癌。

蟹肉扒草菇

原料：鲜草菇 500 克，熟蟹肉 150 克，火腿末 10 克，黄酒、精盐、味精、胡椒粉、湿淀粉、色拉油、麻油、鸡油、鸡蛋清、鲜汤各适量。

制法：将鲜草菇去蒂洗净，在顶部划十字刀口，下沸水锅焯一下捞出沥干水分。炒锅上火，放油烧热，烹入黄酒，加入清水，将鲜草菇下锅煨透，加入精盐，煮入味捞出，沥干水分。再烧热锅，放油烧热，烹入黄酒，投入鲜草菇，加入鲜汤、味精，烧沸后用湿淀粉勾芡，然后加入麻油推匀盛入盆内。炒锅

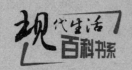

上火，放油烧热，将蟹肉下锅略炒一下，烹入黄酒，加入鲜汤、精盐、味精推匀，用湿淀粉勾芡。将鸡蛋清搅散后，倾入锅中搅匀，加入鸡油、麻油推匀，淋在鲜草菇上面，撒上胡椒粉、火腿末。

功效：补益肝肾，强壮筋骨，润肤养颜。

肉片草菇菜心

原料：鲜草菇、猪瘦肉各150克，菜心50克，鸡蛋1只，猪骨汤、百合粉、胡椒粉、精盐、味精、麻油各适量。

制法：将草菇剪去根蒂，洗净后切成长条块。猪瘦肉洗净，切成薄片，放入碗内，加鸡蛋清、百合粉、精盐各适量拌匀。菜心洗净，切成段。汤锅上旺火，倒入猪骨汤500克烧沸，放入浆好的猪瘦肉片焯熟，用漏勺捞起。在汤锅内再下菜心、草菇条，烧沸后，撇去浮沫，下熟肉片，加入精盐、味精、胡椒粉，淋上麻油，出锅盛入汤碗内即成。

功效：补虚润肤。

双 菇 笋 鸡

原料：鲜草菇100克，香菇、嫩笋各50克，素鸡250克，黑木耳10克，黄酒、精盐、白糖、麻油各适量。

制法：将草菇去蒂洗净。香菇、黑木耳分别放入温水中泡透，去蒂，洗净，挤干水，泡香菇的原汁澄清后留用。素鸡洗净，切成3厘米长、1厘米见方的条。嫩笋切成片。将素鸡条整齐地码在碗的一边，草菇排在另一边，倒入澄清后的香菇原汁，加精盐、黄酒、白糖，入笼蒸透取出，将汤汁滗入炒锅中，菜翻扣入盘中，揭去碗。炒锅上火，烧沸锅中原汁，下香菇、笋片、黑木耳烧沸，淋上麻油，出锅浇在菜上即成。

功效：防癌抗癌，护肤润肤。

（二）减肥降压类

口蘑烧冬瓜

原料：冬瓜 500 克，水发口蘑 100 克，黄酒、味精、精盐、湿淀粉、豆油、黄豆芽汤等各适量。

制法：

（1）冬瓜洗净去皮、去瓤，下入沸水锅焯熟，捞出用凉开水浸凉，再切成块。口蘑去杂洗净。

（2）炒锅放油烧热，放入豆芽汤、口蘑、冬瓜块、料酒、精盐、味精。旺火烧沸改为小火炖烧，烧至口蘑、冬瓜入味，用湿淀粉勾芡，即可出锅装汤盘食用。

功效：此菜以营养丰富的具有利水消痰、清热解毒、减肥降压的甘寒之品冬瓜，配以补脾气、健脾强身、降压、抗癌的口蘑。其作用重在补脾利水、降压、抗癌。常可作为脾虚不运、水湿内停或湿热所致的水肿胀满、水泻痢疾、小便不利，或痰火内蕴、咳嗽痰多，或肥胖病、高血压、糖尿病、动脉硬化症以及癌症等病症的辅助食疗菜肴食用。长期食用可起到减肥的特殊功效。

凉拌地耳

原料：新鲜地耳 250 克，精盐、味精、酱油、醋、白糖、麻油、葱花各适量。

制法：将地耳去杂洗净，入沸水锅内焯一下，捞出沥水，放入盘内，加入精盐、味精、酱油、醋、白糖、葱花，淋入麻

油拌匀即成。

功效：地耳具有清热、益气、明目的功效。《药性考》载"清神解热，痰火能疗。"《纲目拾遗》载"清膈解热，利肠胃。"凉拌地耳为很好的低脂肪营养保健菜，对肥胖、目赤红肿、夜盲、脱肛等病症有一定疗效。

宜忌：地耳性寒不宜多食。

平菇豆腐汤

原料：鲜平菇 100 克，豆腐 20 克，精盐、味精、葱花、香菜末、鲜汤、色拉油适量。

制法：将平菇去杂质洗净，撕成薄片。豆腐洗净切成小块。炒锅上火，加油烧热，放入平菇煸炒片刻，加入鲜汤、豆腐块、精盐，烧煮至平菇、豆腐入味，撒上味精、香菜末、葱花即成。

金针菇烧菜心

原料：金针菇、菜心各 100 克，豆腐 150 克，色拉油 300 克，鲜汤、味精、精盐、胡椒粉各适量。

制法：将金针菇去根，拣去杂质洗净。菜心洗净切成 3 厘米长的段。豆腐切成块，下八成热的油锅中炸至金黄色，出锅倒入漏勺沥油。炒锅上旺火，放油适量，下金针菇炒出香味，再放菜心段、精盐、胡椒粉翻炒片刻，倒入豆腐块、鲜汤烧入味后，加味精拌匀，出锅装盘即成。

功效：降脂降压，健脑减肥。

金针菇冬笋

原料：金针菇 250 克，冬笋 100 克，黄瓜 50 克，生姜丝、精盐、味精、葱花、花椒油各适量。

制法：将金针菇去根后洗净，切成 3 厘米长的条。冬笋去壳，洗净，黄瓜洗净，均切成长条。将金针菇条、黄瓜条、冬笋条分别入沸水锅中焯熟捞出，挤去水，共入盘内，放葱花、生姜丝、精盐、味精，浇上炸好的花椒油拌匀即成。

功效：益智健脑，降脂减肥。

佛手猴头菇

原料：水发猴头菇 300 克，鸡蛋 4 只，嫩豆腐 80 克，冬笋 15 克，水发香菇 25 克，生姜汁 10 克，黄酒 12 克，花椒油 80 克，素鲜汤 100 克，红、绿樱桃各 3 颗，精盐、味精、湿淀粉各适量。

制法：

（1）将猴头菇洗净，去掉腐烂的菇毛和菇蒂，切成片，整齐地码在蒸碗内，加黄酒、生姜汁、精盐、味精、素鲜汤，入笼蒸 30 分钟。

（2）鸡蛋煮熟剥去皮，顺长切为两半，去掉蛋黄，将 2/3 长的蛋白顺切 4 刀。

（3）豆腐切成末，香菇、冬笋切成末，均放在小油锅中，炒熟取出分 8 份抹在蛋白中，做成佛手型，入笼蒸 5 分钟取出，摆在大平盘周边，红、绿樱桃切为两半，点缀在 8 只佛手之间。

（4）将蒸猴头菇的汁滗在锅中，猴头菇扣在佛手之间，锅中添足素鲜汤，调好味，用湿淀粉勾薄芡，淋上花椒油搅匀，浇在佛手和猴头菇上即成。

功效：补虚抗癌，减肥美容。

猴头玉兰片

原料：鲜猴头菇 250 克，熟火腿片、玉兰片各 50 克，青豆

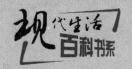

25克，鸡蛋3只，精制植物油、湿淀粉、葱段、生姜汁、酱油、黄酒、味精、精盐、鲜汤各适量。

制法：

（1）将猴头菇根部剪去，入沸水锅中略焯捞出，用清水漂洗干净，捞出，挤干水，顺毛批切成薄片，放入碗内，加鸡蛋清、精盐、湿淀粉搅拌均匀，使每片猴头菇裹上一层蛋清糊，然后将猴头菇片逐一放入沸水锅中焯熟，捞出。

（2）炒锅上中火，放油烧热，投入葱段炸香，烹入黄酒，下发好的玉兰片，加酱油、生姜汁、精盐，倒入鲜汤，下猴头菇片烧沸，放入熟火腿片，盖上盖，改用小火，焖至汤稠时，再改用旺火，放味精，用湿淀粉勾芡，下青豆炒匀，再烧开几沸，出锅装盘即成。

功效：补虚减肥，扶正抗癌。

鲜蘑冬笋猴头菇

原料：干猴头菇、去皮冬笋各100克，鸡蛋2只，鲜蘑150克，精盐、黄酒、白糖、湿淀粉、熟鸡油、鲜汤、味精各适量。

制法：

（1）将于猴头菇放入热水中泡透，捞出，剪去老根和老皮，用清水反复漂洗干净，顺毛切成薄片，入沸水锅中焯透，挤干水。

（2）冬笋洗净后顺长切成片。

（3）将鸡蛋清放入碗内，加湿淀粉调匀成糊，放入猴头菇片挂糊，入沸水锅中焯熟取出，码入碗内，加鲜汤（250克）、熟鸡油、黄酒、精盐、白糖、味精，猴头菇的原汁烧沸，加鲜汤250克，下冬笋片、鲜蘑烧沸，用湿淀粉勾芡炒匀，离火。揭开扣碗，放上冬笋片、鲜蘑，浇鲜汤汁即成。

功效：祛脂减肥。

菇笋焖竹荪

原料：水发竹荪 150 克，水发香菇、笋片、火腿片各 50 克，鲜汤、精盐、味精、黄酒、酱油、色拉油、麻油各适量。

制法：将竹荪切去两头洗净，切成段待用。水发香菇去杂洗净切厚片。炒锅上火，放油烧热，将竹荪、香菇、笋片一起下锅略炒片刻，加入黄酒、酱油、味精、精盐、鲜汤，炒一会，再加鲜汤烧沸后，改为小火焖至竹荪熟而入味，然后用湿淀粉勾芡，淋上麻油推匀，装入盘内，放上火腿片即成。

功效：补气益肾，降脂减肥。

三 鲜 竹 荪

原料：水发竹荪、熟鲜笋尖各 150 克，水发香菇、菜心各 100 克，素鲜汤 350 克，色拉油 50 克，白糖、黄酒、麻油各 10 克，胡椒粉 3 克，精盐、味精、湿淀粉各适量。

制法：

（1）将竹荪切去头尾取中段，保持筒状 5 厘米，共 24 条。笋尖、菜心均切 24 条，长 5 厘米。香菇切丝分成 24 份。取笋尖、菜心各 1 条，香菇 1 份镶入竹荪筒内，用沸水焯约 30 秒钟，捞出用洁布吸干水分。

（2）炒锅上火，放油烧热，烹入黄酒，加素鲜汤、味精、精盐、白糖、胡椒粉烧沸，放入竹荪筒煮约 1 分钟捞出，分两排摆在盘中。炒锅上中火，放油烧热，烹黄酒，加素鲜汤、精盐、味精、白糖，用湿淀粉勾稀芡，淋上麻油，搅匀，浇在竹荪筒上即成。

功效：补虚减肥。

双菇烧竹荪

原料：水发竹荪 100 克，水发香菇、蘑菇、绿叶菜各 50 克，鲜汤 500 克，精盐、生姜末、味精、色拉油、麻油各适量。

制法：先将竹荪洗净，沥干水，切成方块，入沸水锅中焯透捞出，控干水。香菇、蘑菇洗净，切成片。绿叶菜洗净，撕成片。炒锅上旺火，放油烧热，倒入鲜汤、香菇片、蘑菇片、竹荪块烧沸，加生姜末、精盐、绿叶菜、味精烧入味，淋上麻油，起锅盛入汤碗即成。

功效：减肥抗癌。

炒 四 鲜

原料：水发竹荪 100 克，水发黑木耳、水发草菇各 50 克，冬笋片 25 克，鲜汤 750 克，胡椒粉、麻油、精盐、白糖、味精各适量。

制法：将竹荪洗净，剪去根，切成片，入沸水锅中焯透，捞出。草菇洗净，放入沸水锅中略焯捞出，沥干水。木耳洗净备用。炒锅上旺火，放麻油烧热，下黑木耳、竹荪片、草菇翻炒几下，倒入鲜汤，下笋片，烧沸，加精盐、味精、白糖、胡椒粉适量，出锅盛入汤碗内即成。

功效：抗癌减肥。

菇笋马蹄卷

原料：水发香菇 60 克，豆腐皮 3 张，冬笋、荸荠各 150 克，面粉 10 克，五香粉 0.3 克，色拉油 300 克，嫩生姜 100 克，味精 1 克，酱油 10 克，香菜、苏打粉各适量。

制法：先将香菇去蒂洗净，切成细条。冬笋洗净切成条状。

荸荠洗净去皮，每个切成 3 片，再切成条。嫩生姜切成细丝。面粉放入碗中，加酱油 3 克、味精 0.5 克、苏打粉和水各适量，搅匀成面糊。炒锅上火，加油烧热，下香菇稍煸，再加入冬笋、荸荠，翻炒至刚熟时加入酱油 7 克、五香粉、味精 0.5 克拌匀，取出备用。将豆腐皮切成长 8 厘米、宽 3.5 厘米的小张，每小张豆腐皮放上香菇、冬笋、荸荠、嫩生姜各 1 条，排列整齐，然后卷实，合口处先用面粉糊粘合，再将整个卷子放入面粉糊中蘸匀，下八成热油锅中炸至酥脆，倒入漏勺沥油，配上香菜即成。

功效：清热化痰，消积减肥。

香菇冬笋菜心

原料：水发香菇、净冬笋各 50 克，菜心 300 克，精盐、黄酒、味精、白糖、葱花、生姜末、麻油、酱油、色拉油、豆芽汤各适量。

制法：先将青菜洗净，横着从中间片开，再切成 3 厘米长、10 厘米宽的片。水发香菇去杂洗净，一切两半备用。冬笋炸一下，待浮起后捞出。青菜下沸水锅中焯透。炒锅留底油适量，下葱花、生姜末煸香，随即加入黄酒、酱油、白糖、香菇、青菜煸炒，再加入味精、豆芽汤，用湿淀粉勾芡，淋上麻油即成。

功效：补气健脾，减肥益寿。

红烧香菇冬瓜

原料：冬瓜 500 克，香菇 30 克，甜面酱、酱油、湿淀粉各 25 克，味精 2 克，素鲜汤 200 克，色拉油 500 克，精盐、黄酒、葱、生姜、麻油、白糖各适量。

制法：先将冬瓜去皮、去子、瓤洗净，切成自己喜爱的块

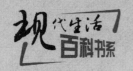

状。将香菇除去杂质，去根洗净，用温水泡发好。葱、姜去皮洗净切成末。炒锅上火，放入植物油，烧至七成热时，将冬瓜倒入油中略炸一下，捞出沥净油。将锅内油倒出，并留适量底油，油热后，下葱、生姜末炝锅，放甜面酱炒出香味，倒入香菇略炒，加酱油、白糖、精盐，烹黄酒，下味精，倒入素鲜汤烧开，再将冬瓜倒入继续烧开，待冬瓜烧透入味，用湿淀粉勾芡，颠翻一下，淋上麻油，起锅装盘即成。

功效：益气消渴，减肥轻身。

炒 二 冬

原料：冬瓜 300 克，水发香菇 100 克，葱 5 克，生姜 5 克，色拉油 20 克，精盐、黄酒、味精、麻油、鲜汤、湿淀粉各适量。

制法：先将冬瓜洗净去皮、瓤，切成小块。水发香菇片成薄片，放入沸水锅中焯一下。葱、生姜分别切丝备用。炒锅上火，放油烧至五成热，放入葱、生姜丝煸炒香味，随即下入冬瓜、香菇、精盐、黄酒、鲜汤翻炒，用湿淀粉勾芡，点入味精，淋上麻油即成。

功效：益气消渴，降压润肤，减肥轻身。

香菇炒冬笋

原料：净冬笋 150 克，水发香菇 60 克，酱油 25 克，白糖 5 克，味精 2 克，黄酒 15 克，葱花 3 克，色拉油 250 克，湿淀粉 15 克，鲜汤适量。

制法：将冬笋切成块。香菇大朵的改刀，一切两半。将炒锅上火，放入植物油烧热，下入冬笋余一下捞出控油。原炒锅上火留适量底油，放葱花炝锅，将香菇放入煸炒几遍，下入冬笋，烹黄酒、酱油，点入鲜汤，放入白糖、味精，炒匀，挂芡，淋上明油，出锅盛入盘中即成。

功效：益气消渴，清热消痰，利膈爽胃，减肥轻身。

芹菜香菇丝

原料：嫩芹菜250克，水发香菇100克，精盐3克，味精、胡椒粉、黄酒各2克，鸡油10克，色拉油200克，湿淀粉、葱花、生姜末各适量。

制法：将芹菜择叶洗净，切成寸段，用沸水焯至芹菜断生过凉等用。香菇去蒂切细丝。炒锅上火，注入精制植物油，烧至三成热时放入芹菜和香菇丝滑油倒出。锅留底油，将葱花、生姜末炒香，倒入芹菜和香菇丝，加精盐、黄酒、胡椒粉、味精颠翻炒匀，下湿淀粉勾芡，淋入鸡油起锅装盘即成。

功效：平肝清热，扶风利湿，降压降脂。

鲜 蘑 冬 瓜

原料：鲜蘑菇150克，冬瓜200克，番茄100克，鸡油、鲜汤、精盐、味精、生姜丝、湿淀粉各适量。

制法：将冬瓜去子、皮，切成小方块。放入鲜汤锅中焯一会捞出。鲜蘑菇洗净后入鲜汤中浸透捞出备用。炒锅上中火，倒入鲜汤250克，下冬瓜块、蘑菇，烧沸后用手勺撇去浮沫，放生姜丝、精盐，用湿淀粉勾芡，淋入鸡油装盘。将番茄洗净后切片，围在盘边即成。

功效：清热利水，减肥美容。

冬瓜酿蘑菇

原料：鲜蘑菇300克，大冬瓜1 500克，麻油50克，鸡油

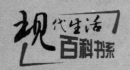

25克，鲜汤、火腿各100克，湿淀粉、精盐、味精、白糖、胡椒粉各适量。

制法：将冬瓜洗净，刮去外皮，挖去瓜瓤，切成6厘米长、2毫米厚的两刀断的夹刀片，放入盘内。火腿切成5厘米长、1毫米厚的薄片，放入盘内。将冬瓜片放入沸水中略焯后捞出，用凉水冲凉，沥干水，在每块冬瓜夹刀中夹1片火腿片，冬瓜带青皮的一面朝碗底，整齐地码入碗内，放精盐、鲜汤上笼蒸30分钟取出。炒锅上旺火，放麻油烧热，下蘑菇，烹黄酒，加鲜汤，滗入蒸冬瓜的原汁烧沸，放精盐、白糖、味精、胡椒粉，用湿淀粉勾芡，放鸡油炒匀。将盛冬瓜夹的碗扣入盘中，揭去碗，浇上卤汁，装上鲜蘑菇即成。

功效：清热利水，健美减肥。

蘑菇豆腐柚皮汤

原料：鲜蘑菇100克，嫩豆腐250克，柚子皮碎末、精盐、味精、麻油各适量。

制法：将蘑菇洗净后切成薄片，入沸水锅中略焯，捞出。豆腐放入沸水中焯透，捞出，放入碗内，滗去水，加入蘑菇片、精盐、味精、麻油、柚子皮碎末拌匀即成。

功效：清热利水，减肥美容。

草 菇 锅 贴

原料：鲜草菇、精面粉各500克，大白菜250克，精盐、葱花、生姜末、精制植物油、麻油各适量。

制法：将草菇去根蒂，洗干净后放入沸水中焯透，捞出，放入冷水中过凉，控干水，切成小丁。白菜洗净后切成碎末，将草菇丁、白菜丁、葱花、生姜末共入盆内，加入精制植物油、味精、精盐、麻油，拌匀成饼子馅。将面粉放入盆内，加80℃的水和匀揉润，做成面剂，擀成饼子皮，再包上饼子馅，做成饼子。平锅上中火，均匀地抹上一层精制植物油，将饼子整齐地码放在平锅里，将50克热水浇在平锅里，盖上盖，用小火焖10分钟左右，揭开盖，起锅装盘即成。

功效：清补减肥。

草菇丝瓜

原料：草菇250克，丝瓜500克，鸡油、鲜汤、精盐、味精、白糖、湿淀粉各适量。

制法：将草菇去根蒂，洗净，入沸水中焯一下，捞出后用冷水冲凉，切成大块。丝瓜去皮，洗净后切成片。炒锅上火，放鸡油50克，烧至四成热，加入鲜汤150克，加草菇、丝瓜片、精盐、白糖、味精各适量，烧至汤将要干时，用湿淀粉勾芡，淋上鸡油适量，出锅装盘。

功效：减肥健美，润肤美容。

蒸 三 菇

原料：水发草菇150克、水发香菇、水发口蘑各100克，鲜汤500克，香菜5克，黄酒、精盐、白糖、味精、鸡油各适量。

制法：将草菇、香菇分别去蒂洗净。口蘑刮去黄膜并洗净，用冷水漂透后入开水锅内焯一下捞出，用冷水冲凉，沥净水。将草菇、香菇、口蘑同放入炖碗内，加鲜汤、黄酒、精盐、白糖、味精、鸡油，盖上盖。另1小碗，放入香菜，加适量汤，与三菇同时上笼蒸30分钟取出即成。

功效：减肥降脂，防癌抗癌。

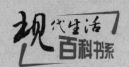

草菇笋菜汤

原料：鲜草菇 250 克，干草菇 100 克，青菜心、熟笋片各 50 克，精盐、黄酒、麻油、鲜汤、胡椒粉各适量。

制法：将干草菇放入温水中浸泡透，剪去根蒂，再用清水洗净，控干水。鲜草菇去根蒂，洗后入沸水锅中焯透后捞出，控干水。青菜心洗净，入沸水中烫透，捞出，控干水。汤锅上旺火，倒入鲜汤 1 000 克，放入鲜草菇、水发草菇、熟笋片浇沸，加精盐、黄酒、胡椒粉适量烧沸 5 分钟，出锅盛入汤碗内，淋上麻油即成。

功效：减肥抗癌。

草菇豌豆苗汤

原料：鲜草菇 150 克，豌豆苗、黄瓜各 50 克，鲜汤 500 克，葱花、生姜末、精盐、味精、黄酒、色拉油各适量。

制法：将草菇去根蒂，洗净后切成片，放入开水中焯一下，捞出后立即用冷水浸凉，沥干水。黄瓜洗净，切成片。豌豆苗洗净。炒锅上旺火，放油烧热，下葱花、生姜末煸炒后加鲜汤、黄酒、精盐、味精，并投入草菇片、豌豆苗、黄瓜片，烧沸后倒入汤盘即成。

功效：清热减肥。

三菇扒菜心

原料：鲜草菇 150 克，蘑菇、水发香菇各 100 克，绿青菜心 50 克，肉骨汤、精盐、色拉油、黄酒、鸡油、生姜汁、湿淀粉、味精各适量。

制法：先将草菇去蒂洗净，入沸水中焯一下，捞出沥干水。

蘑菇、香菇去蒂，洗净，在顶部划上十字刀纹，入沸水中略焯捞出，挤去水。青菜心洗净，切成3厘米长的段，入沸水中稍烫，捞出。炒锅上旺火，放油30克烧热，下三菇，烹入黄酒，加生姜汁、肉骨汤烧沸，加精盐、味精烧入味，下青菜心段，用湿淀粉勾芡，淋入鸡油适量炒匀，出锅装盆即成。

功效：防癌抗癌，减肥护肤。

双菇烧面筋

原料：鲜草菇、油面筋各150克，水发香菇500克，熟笋、绿叶菜各50克，酱油、精盐、白糖、黄酒、鲜汤、湿淀粉、色拉油各适量。

制法：先将草菇、香菇去蒂洗净，入沸水中略焯后沥干水，切成条块。绿叶菜洗净，切成条块。油面筋、熟笋切成相应的条块。炒锅上旺火，放油50克，烧至六成热时，放草菇、香菇、笋、绿叶菜煸炒，加酱油、精盐、白糖、鲜汤、面筋，烹入黄酒、味精，烧开后用湿淀粉勾芡，淋入精制植物油适量，出锅装盘即成。

功效：健脾益气，抗癌减肥。

草菇鸡笋

原料：鲜草菇、鸡脯肉各150克，净冬笋、胡萝卜各50克，鸡蛋2只，黄酒、精盐、鲜汤、鸡油、淀粉、面粉、味精各适量。

制法：先将草菇去蒂，洗净后切成厚片，入沸水锅中焯透，捞出沥净水。将鸡脯肉剔去筋，洗净后剁成细肉茸，放入碗中，打入鸡蛋清、淀粉、精盐、清水适量，搅匀成馅。冬笋、胡萝卜洗净，切成细丝，入沸水中焯透，捞出沥干。将草菇片铺平，撒

上面粉，抹上馅，再撒上冬笋丝、胡萝卜丝，用手轻轻压实，上笼蒸透待用。汤锅上火，加入鲜汤、味精、黄酒及蒸好的草菇，待汤烧开后，用小火烧入味，捞出草菇，码入盘中，将汤锅内的汤汁收浓，用淀粉勾芡，淋入鸡油，浇在盘中的草菇上即成。

功效：补虚减肥。

平菇拌黄瓜

原料：平菇300克，黄瓜250克，辣椒油、白糖、味精、醋、葱、生姜、酱油、麻油、鲜汤、炒芝麻各适量。

制法：将平菇去根洗净，放入鲜汤中焯熟后捞出，沥去水分，切成片备用。黄瓜去皮，去心，去两头，切成细丝，垫入盘底。分别将葱、生姜、蒜切成碎末放入碗内，放入酱油、精盐、味精、白糖、醋、辣椒油、麻油调匀，兑成调味汁。食用时，将平菇均匀地放在黄瓜丝上，兑好的汁水浇在平菇上，撒上炒芝麻适量即成。

功效：美容减肥。

扣 平 菇

原料：平菇250克，火腿肉、熟鸡脯肉各25克，鸡蛋皮1张，色拉油、精盐、味精、鲜汤、胡椒粉各适量。

制法：将平菇根部剪去，清除杂质后用水洗净，沥干水，放入碗内，再加精盐、植物油拌匀。熟鸡脯肉、熟火腿肉、鸡蛋皮均切成长丝。取扣碗1只，将火腿丝、鸡肉丝、蛋皮丝对称地按瓜瓣图案码在扣碗内，然后扣入平菇，上笼蒸15分钟出，扣入汤盆，揭去扣碗。炒锅上旺火，倒入鲜汤，下精盐、味精烧沸，撇去浮沫，放入胡椒粉，起锅浇在菜上即成。

功效：补中益气，降脂减肥。

四、滋补食谱

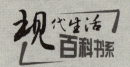

（一）养心安神类

黑木耳炒黄花菜

原料：木耳 20 克，黄花菜 80 克，精盐、味精、葱花、色拉油、素鲜汤、湿淀粉。

制法：将木耳放入温水中泡发，去杂洗净，用手撕成片。黄花菜用冷水泡发，去杂洗净，挤去水分。锅中放色拉油烧热，放入葱花煸香，再放入木耳、黄花菜煸炒，加入素鲜汤、味精煸炒至木耳、黄花菜熟入味，用湿淀粉勾芡，出锅即成。

功效：木耳含丰富的蛋白质、铁、磷、维生素 B_2 等脑需要的营养成分。其中维生素 B_2 含量是一般米、面、蔬菜的 10 倍，铁的含量比肉类高 100 倍，钙的含量是肉类的 30～70 倍。木耳有减低人体血凝块的作用，对冠心病、脑、心血管病患者有益。黄花菜又称金针菜，含蛋白质、脂肪、钙、铁、维生素 B_2、维生素 C 等脑及神经系统需要的营养物质，《木耳图经》称它可"安五脏，和心志，明目"。二物相合经调制成此菜肴，常人食之对脑有益，保持精神的安定。

双金油面筋

原料：水发金针菇 50 克，水发金针菜 75 克，油面筋 12 个，料酒、精盐、酱油、葱花、姜末、湿淀粉各适量。

制法：将金针菇、金针菜分别去杂洗净，切成段。油面筋对切开。油锅烧热，放入葱花、姜末煸香，投入金针菇、金针菜煸炒，加入油面筋、精盐、酱油、黄酒，烧至入味时用湿淀粉勾稀芡，推匀出锅即成。

功效：此菜可为人体提供丰富的营养成分，具有止血、消炎、利尿、健胃、安神等功效。

紫　菜　汤

原料：干紫菜25克，精盐、味精、葱花、麻油各适量。

制法：将干紫菜泡发，用清水洗去泥沙。锅内加适量水烧沸，放入紫菜烧一会，加入精盐、味精、葱花调好，淋入麻油，出锅即成。

功效：此汤菜具有化痰软坚、清热利水、补肾养心的功效。适用于甲状腺肿、水肿、支气管炎、咳嗽、脚气、高血压等病症。健康人食用能增强智力，精力充沛，养颜明目，乌发。

香菇炒猪心

原料：水发香菇50克，熟猪心200克，笋片20克，黄酒、精盐、葱花、湿淀粉、麻油、猪油各适量。

制法：将水发香菇去杂洗净切片，猪心切片。锅中加入猪油，烧热放入葱花煸香，放猪心煸炒，烹入黄酒煸炒几下，加入香菇、笋片、精盐煸炒至入味，用湿淀粉勾芡，淋入麻油出锅即成。

功效：香菇具有益气生津、滋补作用，猪心有补血养心、安神定志的作用，配以清热化痰的竹笋烹制而成的滋补菜肴，其功重在补心养血、安神定志，适用于气血不足、阴血亏虚所致的惊悸、怔忡、心神不安、心烦失眠或夜寐噩梦、易惊醒等病症。

香卤猴头菇

原料：干猴头菇100克，鲜汤250克，精制植物油、酱油、

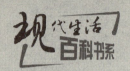

白糖、味精、桂皮、大茴香、麻油各适量。

制法：将干猴头菇加水泡发洗净。炒锅上火，倒入植物油烧热，下桂皮、大茴香、猴头菇及鲜汤，加酱油、白糖，用大火烧开后改用小火焖烧 15 分钟，撒上味精，再用大火收干卤汁，淋上麻油即成。

功效：安神补虚，帮助消化。

（二）益气养血类

沙锅口蘑鱼肚

原料：水发鱼肚 800 克，火腿片 100 克，水发口蘑 50 克，笋片 50 克，豌豆苗 25 克，黄酒、精盐、味精、白糖、葱段、姜片、猪油、鸡油、鸡汤、淀粉等各适量。

制法：

（1）先将水发鱼肚捞出，用刀片成 6 厘米长，3 厘米宽的片，下沸水锅焯一下捞出。将火腿片、笋片下沸水锅焯一下捞出沥水。水发口蘑去杂洗净放在大碗内，用刀切成小薄片。豌豆苗去根留尖洗净。

（2）炒锅放猪油烧热后，投入葱、姜炸至金黄色时，倒入鸡汤烧沸，撇净浮沫。捞出葱姜，加黄酒、白糖、精盐、鱼肚片、火腿片、笋片、口蘑片，在旺火上烧沸，倒入沙锅内，加盖，置于小火上炖至入味。

功效：此菜用名贵的海味珍品鱼肚为主料，其性味甘平，具有补肝益肾、填精血的作用。配以健脾开胃、滋肾生津、益气血、充精髓的火腿和滋补之山珍口蘑、笋片。具有补肝肾、益精血、健脾开胃的作用。可作为治疗各种气血不足、精津亏耗所致的虚损患者辅助治疗和营养保健食品。

宜忌：外感邪未清、湿热内恋、积滞未净、胀闷未消均不宜食用。

鸭包口蘑

原料：鸭子1只（重约1 500克），水发口蘑150克，黄酒、精盐、味精、葱段、姜块、花椒、八角、茴香各适量。

制法：

（1）将鸭子宰杀后，退毛去脏洗净。将口蘑去杂洗净，大者切两瓣，装在鸭膛内。

（2）将鸭子腹朝下摆在大碗内。再放入鸡汤、黄酒、味精、精盐、葱段、姜块、花椒、八角、茴香，上笼蒸烂取出。

（3）将蒸好的鸭子汤倒在炒锅内，去掉葱、姜、花椒、八角、茴香，烧沸调味，浇在鸭子碗内即成。

功效：此菜以补气养血、滋阴生津、健脾化痰、利水的清补之品鸭子为主料，配以补气益胃、理气化痰、抗癌的口蘑。常可作为病后、年老、产妇体虚、气血虚弱、脾胃不足、食少羸瘦、气短乏力、头昏眼花，或虚热多痰以及因虚所致的小便不利、水肿等病症的营养食疗菜肴食用。

木耳烩鱼片

原料：鲜大草鱼肉250克，水发木耳50克，葱、姜、黄酒、精盐、湿淀粉、鲜汤、熟猪油、胡椒粉各适量。

制法：鱼肉切成2厘米宽、4厘米长的薄片，用湿淀粉上浆待用，木耳切成片，葱、姜切末，用黄酒、精盐腌渍片刻。油锅烧至六成效时，将鱼片放入稍炸片刻，捞出沥净油，锅内留底油少许，加黄酒、鲜汤、木耳、味精烧开，用湿淀粉勾芡，

再将鱼片倒入锅内，颠翻几下，装盘，撒上胡椒粉即成。

功效：草鱼香味甘温。《本草纲目》称它有"暖胃和中"的作用，《医林纂要》中记有"平肝、祛风、治痹、截疟"的功效。配以滋补强壮的木耳，作用增强。凡体虚气弱，气血不足，或脾胃虚弱以及体虚头痛，或日久不愈病症，均可食用，长期食用可增强体质。

石耳炖鸡

原料：净鸡肉 400 克，石耳 20 克，鸡蛋清 1 个，精盐、味精、黄酒、胡椒粉、淀粉各适量。

制法：石耳用温水泡开，洗净，切成斜块。鸡肉剞花刀，用蛋清、盐、淀粉拌匀。坐锅，倒入清水烧开，把鸡肉放下搅散后，移到温火上炖四成熟后，再加入石耳，盖上锅盖，继续焖煮至肉烂后，放入味精、精盐、胡椒粉即成。

功效：石耳具有养阴止血功效，主治劳咳吐血、胸风下血、痔漏、脱肛。《日用本草》谓其能"清心、养胃、止血"。《本草纲目》谓其"明目益精"。以石耳与用益气补血之母鸡，则此汤能养阴止血、补虚益气。适用于虚弱咳嗽者食用。

平菇炖雏鸡

原料：雏鸡 1 只（重约 600 克），鲜平菇 400 克，黄酒、精盐、白糖、葱段、姜片、猪油、鸡汤各适量。

制法：

（1）将雏鸡宰杀后用热水煺毛洗净，开膛取出内脏后用清水反复洗净，然后斩块。平菇去杂洗净，用手撕成片状待用。

（2）炒锅加入生油，油热投入白糖，待糖溶化变红后，加入鸡块翻炒上色。再加鸡汤、黄酒、葱、姜烧沸后改为小火炖一段时间，加入平菇片、精盐，炖至入味后即成。

功效：此菜雏鸡肉嫩味美，内含有较高的蛋白质、脂肪等营养物质，其性味甘温，具有温中益气、补精、添髓强身的功效。配以保健抗癌的平菇。常可作为体虚、气血亏虚所致羸瘦、产后乳少、精血不足、头昏眼花，或癌症等病症患者的营养保健食疗菜肴食用。

鲜平菇炒鸡蛋

原料：鲜平菇 300 克，鸡蛋 5 个，精盐、胡椒粉、葱丝、植物油各适量。

制法：将平菇去杂洗净，切成细丝。鸡蛋磕入碗内搅匀。炒锅放油烧热，加入平菇丝、葱丝煸炒，加精盐、胡椒粉调味，把炒好的平菇丝放于锅边，再将鸡蛋炒熟，然后拌匀调味即成。

功效：此菜以平菇配鸡蛋，具有补气血、安五脏、滋补强身的作用。常可作为体虚、气血不足、食少乏力、头昏眼花，或产后体虚、乳汁不多，或胎动不安，或癌症患者的辅助食疗菜肴使用。

红 菇 炖 鸡

原料：鲜红菇 500 克，母鸡 1 只（约重 1 500 克），料酒、精盐、味精、白糖、葱段、姜片各适量。

制法：将鸡宰杀，去毛、内脏、脚爪，下沸水锅焯一下，捞出洗净。红菇去杂洗净，撕片。锅内放光鸡和适量水，武火烧沸，撇去浮沫，加入料酒、精盐、味精、白糖、葱姜、红菇，用文火炖至鸡肉熟烂，出锅即成。

功效：此菜具有补虚养血的功效。用于治疗贫血、咳喘、血虚头晕、病后产后体虚等病症。健康人常食之，强健身体。

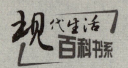

鸡枞菌炒猪肝

原料：鲜鸡枞菌 250 克，熟猪肝 100 克，料酒、精盐、味精、酱油、葱花、姜丝、猪油各适量。

制法：将鸡枞菌去杂洗净切厚片。猪肝切片。油锅烧热，放入葱姜煸香，投入猪肝煸炒，加入料酒、酱油炒几下，加入鸡枞菌、精盐和少量清水，炒至鸡枞菌入味，点入味精推匀，出锅装盘。

功效：具有滋阴养血、补肝明目的功效。用于治疗肝阴血不足所致的夜盲、视力下降、眼炎、贫血、皮肤干燥等病症。

榆黄蘑炖肉

原料：榆黄蘑 100 克，猪瘦肉 200 克，料酒、精盐、味精、葱段、姜片、猪油、肉汤各适量。

制法：

（1）将榆黄蘑用温水泡发，去杂洗净切片。猪肉洗净，放沸水锅中焯一下，捞出洗净血水，用刀切块。

（2）锅中放油烧热，放肉块煸至水干，加入肉汤、料酒、精盐、味精、葱段、姜片、榆黄蘑片，旺火烧沸后撇去浮沫，改为文火炖至熟烂榆黄蘑入味，拣出葱、姜即可出锅。

功效：此菜用滋补强壮、益气养血、抗癌、降压的食用菌榆黄蘑，配以补肾养血、滋阴润燥、益气力、强身体、肥肤的猪肉配制而成。适用于体虚、气血不足、精血亏虚、头昏、眼花、体形羸瘦、食少乏力以及高血压、癌症等病患者的食疗菜肴。

木耳烧羊肉

原料：瘦羊肉 500 克，水发木耳 25 克，黄酒、精盐、白糖、酱油、胡椒粉、色拉油各适量。

制法：将羊肉洗净切成片。水发木耳去杂洗净。炒锅置旺火上，加油烧热，肉片倒入锅内，煸炒待肉片卷起时，烹入料酒再炒，并加入酱油、精盐、白糖、清水，加盖焖烧几分钟，待肉烂时放入木耳合炒，炒至木耳入味，撒进胡椒粉，推匀调味即成。

功效：此菜以羊肉与木耳为主料烹制而成。羊肉性味甘温，具有补气养血、温中暖下的作用；《名医别录》记有"主暖中，虚劳寒，补中益气，安心止惊。"配以补气益肺、活血止痛、强身健体的木耳，其补益的功效增强。凡久病体弱，虚劳消瘦、胃蒸眩晕，以及虚寒吐利，产后受寒腹痛，或寒疝腹痛等症均可作为温养食疗菜肴食用。常人食之可壮身健体，壮气力，耐寒冷。

香 菇 蒸 鸡

原料：净鸡肉 250 克，水发香菇 30 克，红枣 10 枚，精盐、黄酒、味精、酱油、白糖、葱丝、姜丝、湿淀粉、清汤、麻油各适量。

制法：

（1）把鸡肉洗净，切成长片。红枣洗净，去核，切成 4 块。香菇洗净，切成丝。

（2）把鸡肉、香菇、红枣放入碗内，加入酱油、精盐、白糖、味精、葱、姜、黄酒、清汤、湿淀粉抓匀，上笼蒸至熟时取出，用筷子拨开推入平盘，淋入麻油即成。

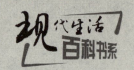

功效：香菇为健胃益气的高级滋补营养性山珍之品，配和中养血的大枣与鸡肉，其补中益气、养血功效加强。可治疗年老、病后、产妇以及一切脏腑气血虚弱之症。

草菇蒸鸡

原料：嫩光鸡1只（重约800克），水发草菇100克，黄酒、精盐、味精、酱油、白糖、葱段、姜片、胡椒粉、湿淀粉、麻油。

制法：将胡椒粉、精盐、酱油、黄酒、白糖、味精、姜片、葱段、湿淀粉拌匀，再加入猪油，上笼蒸熟，取出即成。

功效：此菜是以补益佳品鸡配食用菌草菇，其功用重在温养补虚，具有温中、益气、养血、填精、安五脏、补虚损、强身健体的作用。常可作为气血不足、精血亏损所致的一切虚劳之症的辅助食疗菜肴。

榆黄蘑炖鸡

原料：净母鸡1只（重约1 000克），水发榆黄蘑100克，宽粉条100克，黄酒、精盐、味精、酱油、葱、姜、猪油、鸡汤各适量。

制法：

（1）将鸡剁成块，放入沸水锅中焯去血水，捞出洗净。葱切段，姜切片。榆黄蘑去杂洗净，大的一切两半。宽粉条用温水泡透，切成20厘米长的段。

（2）炒锅放猪油烧热放入葱、姜煸香，再放入鸡块煸炒，再加入酱油、精盐、料酒、高汤，烧沸后用小火炖至九成熟，去掉葱、姜，加上榆黄蘑、粉条炖烂，放入味精即成。

功效：此菜以滋补、益气、填精、润五脏、补虚荣的强身佳品母鸡，配以益气养血、滋阴和营的食用菌榆黄蘑。其滋养补虚、强身壮体的功效显著增强。常可作为一切虚症的调理食疗佳肴。

榛蘑炖猪蹄

原料：干榛蘑 50 克，猪蹄 1 只，黄酒、精盐、味精、酱油、葱段、姜片各适量。

制法：

（1）将榛蘑用温水泡发，去杂洗净撕片。猪蹄择毛、去杂洗净，放入沸水锅焯一下，捞出洗去血污。

（2）锅内放猪蹄和适量水，武火烧沸，撇去浮沫，加入黄酒、精盐、味精、酱油、葱、姜，改为文火炖至猪蹄熟，加入榛蘑继续炖至猪蹄熟烂，出锅即成。

功效：榛蘑炖猪蹄含有丰富的蛋白质、脂肪、维生素 A、动物胶原等多种营养成分。猪蹄补益气血、滋阴增乳、润滑肌肤。榛蘑明目，益肠胃。此菜具有补益气血、明目的功效。用于治疗眼炎、夜盲、皮肤干燥、腰膝酸软、产后乳少等病症。健康人食之可滋补强壮，泽肤健美。

平 菇 红 枣

原料：鲜平菇 500 克，红枣 100 克，白糖 100 克，牛奶 150 克，桂花、湿淀粉各适量。

制法：将平菇去根，洗净，切成骨牌形的块，入沸水锅内焯熟捞出，再用冷水冲凉，挤干水分。红枣洗净，入沸水锅内焯熟后出锅。将平菇块、红枣共入碗内，加牛奶 100 克、白糖 50 克、清水适量，上笼蒸至红枣熟烂出，将平菇和红枣拣入盘内，剩下的枣汁倒入锅内。炒锅上火，加白糖、牛奶（50 克）、

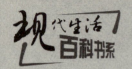

清水适量，烧开后用湿淀粉勾成流汁，撒入桂花，浇入装有平菇和红枣的盘内即成。

功效：补脾养血。

平菇菠菜肉片汤

原料：鲜平菇 150 克，猪瘦肉 100 克，菠菜心 50 克，鲜汤 1 000 克，麻油、榨菜、精盐、黄酒、味精各适量。

制法：将平菇去根，洗净切成薄片。瘦猪肉洗净切成片。榨菜洗净切薄片。菠菜心洗净。炒锅上旺火，倒入鲜汤，放入平菇片、榨菜片、猪肉片烧沸，下菠菜心、精盐、黄酒、味精，用手勺撇去浮沫，淋上麻油，起锅盛入汤碗即成。

功效：补气养血。

金针菇炒鳝丝

原料：水发金针菇 100 克，鳝鱼丝 300 克，精盐、黄酒、酱油、生姜丝、淀粉、胡椒粉、精制植物油、麻油各适量。

制法：将金针菇去杂洗净，切段，用淀粉拌匀上浆。炒锅上火，加油烧热，放入鳝丝快炒，加酱油、精盐、黄酒翻炒，烧至鳝丝半熟时投入金针菇及生姜丝，翻拌至鳝丝熟透，起锅盛入盘中。炒锅上旺火，放油烧热，放入麻油，投入拍碎的蒜瓣，爆香，将其浇在鳝丝上，撒上胡椒粉即成。

功效：补虚益血，强筋壮骨。

猴头菇炒鸡片

原料：鲜猴头菇 250 克，鸡脯肉 15 克，青菜心 100 克，鸡蛋 2 只，净冬笋、熟火腿各 25 克，葱花、生姜丝、黄酒、干淀粉、精盐、味精、鸡油、鲜汤各适量。

制法：

（1）将猴头菇剪去老根，挤干水，切成片，放入碗内，加鸡蛋清1个、干淀粉适量拌匀。

（2）鸡脯肉洗净后剔去筋皮，切成柳叶形薄片，放入碗内，加鸡蛋清1个、干淀粉适量拌匀。冬笋、火腿分别切成象眼片。

（3）炒锅上旺火，放清水烧沸，投入浆好的猴头菇片焯熟，捞出，再下青菜心焯熟，捞出。原锅复上火，倒入鲜汤500克，放黄酒、火腿片、冬笋片、葱花、生姜丝、精盐、味精、猴头菇片烧沸，再倒入浆好的鸡肉片搅散，撇去浮沫，烧沸后出锅，倒入大汤碗内，放入青菜心，淋入熟鸡油即成。

功效：双补气血。

竹荪猪肝汤

原料：新鲜竹荪、猪肝各250克，豌豆苗50克，熟火腿30克，鲜汤750克，鸡蛋2只，精盐、味精、胡椒粉、葱姜汁、黄酒、精制植物油各适量。

制法：

（1）先将竹荪去根洗净，入沸水锅焯透，捞出，挤干水，切成马眼片。火腿切成马眼片。猪肝去筋洗净，剁成茸，盛入碗内，加葱姜汁拌匀，用筛沥去肝渣，加精盐、味精、胡椒粉、黄酒和鸡蛋清调匀，倒入抹了油的汤盘内，上笼用中央蒸约10分钟，使肝汁凝结成肝膏，取出待用。

（2）炒锅上旺火，放入鲜汤、竹荪片、火腿片、精盐、胡椒粉、黄酒烧沸，撇去浮沫，下豌豆苗拌匀，倒入大碗内，再将蒸好的肝膏放入，使其漂在汤面上，撒入味精调味即成。

功效：补血养阴，增强体质。

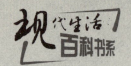

竹荪鸽蛋汤

原料：干竹荪、熟火腿、豌豆苗各 50 克，鸽蛋 15 个，鲜汤 750 克，精盐、味精、胡椒粉、麻油各适量。

制法：

（1）先将竹荪用温水浸泡回软后，剪去根部，洗净，顺长丝剖开，切成薄片，入沸水锅中焯熟后捞出，沥干水。火腿切成薄片。

（2）取小瓷调羹 15 把，底抹上油，将鸽蛋分别磕入瓷调羹内，上笼用小火将鸽蛋蒸熟取出，放入汤碗内。

（3）炒锅上中火，放入鲜汤、精盐、味精、胡椒粉、竹荪片、火腿片，待沸后撇去浮沫，放入豌豆苗拌匀，淋上麻油，出锅倒入装鸽蛋的汤碗内即成。

功效：补益气血。

口蘑鹌鹑肉片

原料：鹌鹑肉 100 克，冬笋 10 克，水发口蘑 5 克，黄瓜 15 克，鸡蛋 1 只，精制植物油、酱油、黄酒、花椒水、精盐、湿淀粉、味精、鲜汤各适量。

制法：先将鹌鹑宰杀去毛及内脏，清水洗净，切成薄片，用鸡蛋清和湿淀粉拌匀。将冬笋、口蘑、黄瓜分别洗净，并用刀切成薄片。炒锅上旺火，放油至五成热时，将鹌鹑肉片投入锅内炒熟，装进盘内，在炒锅内放入鲜汤，加入精盐、黄酒、花椒水、酱油、冬笋、口蘑、黄瓜和炒熟的鹌鹑肉片，烧开后撇去浮沫，放入味精，盛入碗内即成。

功效：补中益气，健体延年。

三 色 口 蘑

原料：口蘑、青椒各 100 克，水发黑木耳 50 克，番茄 40 克，精盐、味精各 2 克，白糖 10 克，胡椒粉 0.5 克。湿淀粉 15 克，麻油 25 克，葱花、生姜末各适量。

制法：将口蘑去蒂洗净，放在温水中浸泡。青椒去蒂、去子洗净，切成 2 厘米见方的丁。番茄用开水烫一下去皮、去子切成丁。黑木耳泡发透，去杂洗净。炒锅上火，放油烧热，下青椒丁、黑木耳煸炒，加入白糖、精盐、味精、葱花、生姜末，倒入番茄丁，加适量清水烧开。起锅装在盘内。炒锅再上火，放油烧热，下葱花、生姜末炝锅，倒入口蘑煸炒一下，加适量清水，再将剩余的白糖、精盐、味精放入炒锅烧透，待入味后用湿淀粉勾芡，起锅装入盛青椒、番茄的盘内，撒上胡椒粉即成。

功效：健脾益胃，养血活血。

烧 素 三 样

原料：水发口蘑 30 克，罐头鲜蘑 20 克，净冬笋 30 克，豆腐 300 克，精盐、味精、黄酒、酱油、白糖、葱花、生姜末、麻油、湿淀粉、鲜汤、精制植物油各适量。

制法：将豆腐切成长方块，放在七成热的油锅中炸至金黄色，捞出备用。水发口蘑去杂质洗净，冬笋切成片，放入沸水锅内焯一下捞出。炒锅放油，烧热后下葱、生姜末煸香，下口蘑、鲜蘑煸炒一段时间，加入酱油、黄酒、精盐、白糖、鲜汤、豆腐块，用旺火烧沸后改用小火煨几分钟，待豆腐入味后加味精，改用旺火加湿勾芡，淋上麻油即成。

功效：补中益气，清热化痰。

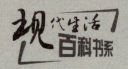

香菇面筋粥

原料：水发香菇、青菜各50克，水面筋、粳米各100克，麻油25克，精盐3克，味精1克。

制法：先将水面筋切成小块，青菜和水发香菇洗切成丝；再将粳米淘洗干净，入锅，加清水1000克，置旺火上烧开，转用小火，待米粒煮透时加入面筋、青菜、水发香菇和食盐，熬煮成粥，加入麻油、味精即成。

功效：和中益气，除烦止渴。

香 菇 菜 面

原料：水发香菇50克，青菜心100克，精面条250克，黄酒、精盐、蚝油、白糖、精制植物油栗粉、熟油各适量。

制法：将香菇去蒂，洗净后，挤干水备用。面条放在热水中煮至软熟，捞出过冷开水，沥干，用适量熟油拌匀，放于大盘中，将青菜心整棵洗净。炒锅置大火上，放油，将青菜心放入，加精盐、味精、适量水快速炒熟，起锅排放于面的四周。香菇用白糖、黄酒、精盐各适量，煮熟后放在青菜心边。将蚝油、白糖、植物油、栗粉和精盐调稀，煮开，淋入熟油，浇在面上，拌匀后即成。

功效：益气养胃，和中利肠，清肺止咳。

白 果 香 菇

原料：水发香菇150克，白果仁100克，色拉油、素鲜汤、白糖、酱油、精盐、麻油、湿淀粉各适量。

制法：先将香菇洗净后，去蒂，挤干水。再将白果仁放入油锅中炸香，去衣膜、蕊。炒锅上旺火，放油烧热，下香菇炒香，下白果仁、素鲜汤、酱油、白糖、味精烧入味，用湿淀粉勾芡，淋上麻油即成。

功效：补气益胃，止烦除渴。

松 子 香 菇

原料：松子仁 60 克，水发香菇 400 克，湿淀粉、黄酒各 10 克，花椒油 25 克，麻油 30 克，鲜汤 200 克，精盐 3 克，味精 2 克，酱油 5 克，生姜汁 15 克。

制法：将水发香菇洗净，捞出，去蒂后批成片，放入沸水中焯一下，挤去水分。剥去松子仁外衣，用刀略斩一下。炒锅上火，放麻油烧热，下松子仁煸香，再下香菇略炒片刻，烹入黄酒，倒入鲜汤，放酱汤、生姜汁、精盐烧沸，加味精，用湿淀粉勾芡，淋上花椒油，出锅装盘即成。

功效：养血祛风，润肠通便。

香 菇 玉 米

原料：水发香菇、鸡肉块各 250 克，鲜嫩玉米 150 克，生姜、葱花、麻油、白糖、精盐、味精、鲜汤、黄酒各适量。

制法：将香菇去蒂，用清水洗净后沥干水。将鸡肉块洗净，入沸水锅中焯后捞出。嫩玉米洗净后放盆内，加鸡肉块，上笼蒸八成熟出。炒锅上小火，放麻油适量，再下白糖炒出糖色，烹入黄酒，加鲜汤、香菇、嫩玉米、精盐、葱花、生姜末炒匀，改用中火烧沸至入味，下味精，收稠汤汁，淋上麻油，炒匀即成。

功效：温中益气，补精填髓。

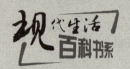

香菇菠菜汤

原料：水发香菇、嫩笋各 50 克，菠菜 250 克，精盐、麻油各适量。

制法：将菠菜洗净，切成约 6 厘米长的段。笋切片，水发香菇切丝。将菠菜段、笋片、香菇丝一同放入锅中，加清水、精盐，盖好，用旺火煮沸约 1 分钟，出锅后淋上麻油即成。

功效：补虚养血，敛阴润燥。

香菇猪蹄汤

原料：丝瓜 250 克，香菇 30 克，猪蹄 1 只，豆腐 100 克，姜丝、精盐、味精、麻油各适量。

制法：将香菇用水泡后洗净，丝瓜洗净后切成片，猪蹄洗后剁开。将猪蹄放入锅中，加水适量，用旺火煮约 10 分钟，再加入香菇、生姜丝、精盐，转用小火炖 20 分钟，然后下丝瓜，炖至肉烂熟离火，加入味精，淋上麻油即成。

功效：壮骨养血，通络下乳。

蘑菇银萝

原料：蘑菇 100 克，白萝卜 500 克，精盐 1 克，味精 1.5 克，湿淀粉、麻油各 15 克，鲜汤 200 克。

制法：将白萝卜洗净，切成 2.5 厘米长的圆柱状，放入锅中加清水烧沸，煮软后捞出。炒锅上火，加入鲜汤、萝卜、精盐、味精、蘑菇烧至入味，再用湿淀粉勾芡，起锅时淋上麻油，装入汤盘即成。

功效：清热化痰。

草菇肉烧卖

原料：鲜草菇、牛里脊肉（或猪瘦肉）各250克，虾仁100克，烧卖皮20张，鸡蛋2只，精盐、胡椒粉、麻油各适量。

制法：将草菇去根蒂，洗净后沥净水，加精盐适量抓匀，挤干水分，剁成细粒。牛里脊肉洗净后剁成茸，然后加入草菇粒、鸡蛋清、胡椒粉、麻油，拌匀成馅。在烧卖皮内放入馅包拢，上笼用旺火蒸约10分钟即成。

功效：补气强身，补血养颜，健脾补肾。

草 菇 乳 鸽

原料：水发草菇150克，乳鸽3只，黄酒、精盐、味精、白糖、生姜片各适量。

制法：乳鸽收拾干净，下入沸水锅里焯去血水，捞出。草菇用温水泡一泡，去杂洗净。在煮锅里放入乳鸽、草菇、黄酒、精盐、生姜片、白糖，兑入适量开水，用旺火煮沸后改用小火炖至熟烂，点入味精即成。

功效：补益肝肾，补气养血，填精益髓。

栗子发菜烧三菇

原料：草菇、去壳栗子各100克，水发香菇、水发口蘑、发菜、去皮壳冬笋各50克，百叶1张，鲜汤、白菜心各250克，色拉油500克，黄酒、味精、麻油、精盐、湿淀粉各适量。

制法：

（1）先将草菇、香菇、口蘑分别剪去根蒂，洗后沥干水。白菜洗净，切成长3厘米的段。百叶洗净，打成结。发菜用水洗净。栗子一切为二，冬笋切片。

（2）炒锅上中火，放油烧至七成热，白菜心、百叶结、栗子分别下油锅滑一下出。原热锅留适量底油，将草菇、香菇、口蘑分别下锅炒片刻，出锅后将白菜心放在沙锅底，再将草菇、香菇、口蘑、百叶结、栗子、冬笋、发菜分别整齐地放在菜心上，每样1堆，加入鲜汤、黄酒、味精、精盐，加盖后用旺火烧开，再改用小火炖30分钟离火。将白菜心放在盆中间，上述其他各菜分别整齐地排在烩盆周围。

（3）将沙锅内的原汁倒入锅内，烧沸后用湿淀粉勾芡推匀，淋上麻油，撒上胡椒粉，起锅浇在素菜上即成。

功效：滋阴生津。

双菇炒木耳

原料：草菇 100 克，香菇 50 克，黑木耳 10 克，色拉油、麻油、酱油、白糖、精盐、素鲜汤各适量。

制法：将草菇去蒂洗净。黑木耳、香菇分别放入湿水中浸泡，去蒂，洗净，沥干水。炒锅上旺火，放油烧至六成热，下草菇、香菇煸香，下黑木耳炒匀，加酱油、精盐、白糖、素鲜汤烧入味，淋上麻油，出锅装盘即成。

功效：补铁养血，益气止血。

草 菇 炖 鸡

原料：鲜草菇 250 克，嫩母鸡肉 500 克，鸡油、黄酒、酱油、味精、精盐、白糖、葱结、生姜片、湿淀粉各适量。

制法：将草菇去蒂洗净，捞出，挤干水，泡草菇的原汁澄清后备用。鸡肉洗净，切成 3 厘米的块，放入汤盆中，加草菇，倒入草菇原汁，放精盐、黄酒、酱油、白糖、味精、鸡油，用湿淀粉拌匀，放葱结、生姜片，入笼用旺火蒸30分钟取出，拣去葱姜即成。

功效：益气养血，滋补强身。

草菇海米豆腐

原料：草菇 100 克，海米 50 克，豆腐 250 克，色拉油、精盐、白糖、米醋、味精、生姜、葱、蒜、酱油、麻油、湿淀粉各适量。

制法：将草菇洗净去蒂，入沸水锅中略焯，捞出，切成厚片。豆腐切成块，入沸水锅中略焯，捞出，挤干水。海米放入温水中泡透，洗净，葱切成斜段，生姜切成末。炒锅上旺火，放油烧热，下生姜末、葱段、海米炸香，放入草菇片煸炒片刻，放精盐、酱油、白糖、大蒜、米醋、清水适量烧沸，下豆腐块烧至汤浓入味时，放味精，用湿淀粉勾芡，淋上麻油，出锅装盘。

功效：益脾补肾，养血益精。

草 菇 鸡 丝

原料：鲜草菇 150 克，熟鸡丝、豌豆苗各 50 克，黄酒、精盐、生姜汁、味精、鲜汤、鸡油各适量。

制法：将草菇去蒂洗净，入沸水锅中焯透捞出。豌豆苗洗净，切成长段。汤锅上旺火，倒入鲜汤，下熟鸡丝、草菇烧沸，放黄酒、精盐、豌豆苗、生姜汁，撇去浮沫，撒入味精，出锅盛入大汤碗内，淋上鸡油即成。

功效：补气养血。

草 菇 仔 鸡

原料：鲜草菇 100 克，仔鸡肉 500 克，鸡蛋 2 只，黄酒、

精盐、白糖、葱姜汁、胡椒粉、干淀粉、麻油各适量。

制法：先将草菇去蒂洗净，放清水中浸泡，泡草菇的原汁澄清过滤后使用。再将鸡肉洗净，控干水，在鸡肉的一面剞上十字花刀，然后剁成4厘米长、3厘米宽的鸡块，放入碗内，加精盐、味精、胡椒粉拌匀，加鸡蛋清、干淀粉搅拌均匀。汤锅上旺火，倒入清水适量烧沸，下鸡块煮熟，捞出，控干水，放入大碗内，加精盐、胡椒粉、白糖、味精、葱姜汁、黄酒、麻油拌匀，下草菇原汁，放入草菇，入笼用旺火蒸约20分钟，出笼即成。

功效：易于消化，补气养血，消除疲劳。

草菇鸡肉汤

原料：鲜草菇150克，鸡肉100克，黄酒、精盐、生姜片、味精、花生油、鲜汤各适量。

制法：将鲜草菇用冷水浸泡，洗净，切成片。鸡肉洗净，切成小块待用。在煮锅里放入鲜汤，旺火烧沸，下鸡肉、草菇、黄酒、生姜片，待草菇和鸡肉入味，再放入花生油，煮沸，点入味精、精盐调味，起锅装碗即成。

功效：滋补养血，防癌抗癌。

平菇黑米饭

原料：黑米200克，平菇100克，红枣15枚。

制法：将黑米淘洗干净，平菇洗净切碎，红枣洗净去核，再一起放入锅中，加水适量，煮饭至熟，可作主餐食用。

功效：滋阴养血，防癌抗癌。

山鸡平菇

原料：平菇 250 克，山鸡 1 只，青菜 200 克，色拉油、葱段、生姜块、精盐、酱油、味精、麻油各适量。

制法：先将平菇去根，放入温水中浸泡 1 小时至完全回软时洗净，再入冷水中浸泡片刻，捞出，挤干水，用刀批切成坡刀片。山鸡去毛、内脏，用清水冲洗干净，剁成块，放入盆内，加酱油适量浸渍。青菜拣去杂质，洗净后切成段。炒锅上旺火，放油烧热，下山鸡块煸炒至发出爆炸声，放酱油炒上色，加入精盐、葱段、生姜块、鲜汤、平菇，烧开几沸后，改小火炖至鸡块酥烂时，下青菜继续炖烂，拣去葱姜，撒入味精，淋上麻油即成。

功效：补益气血。

（三）健脾补胃类

椒油口蘑鸡片

原料：鸡肉 150 克，水发口蘑 50 克，鸡蛋清 1 个，菜心 15 克，笋片 15 克，青豆 15 克，黄酒、精盐、味精、花椒、湿淀粉、麻油、猪油、鸡汤各适量。

制法：

（1）将鸡肉片成薄片，加鸡蛋清、淀粉调匀。菜心片成片下沸水锅焯一下捞出。水发口蘑用少许精盐腌渍，洗净切成薄片。

（2）炒锅放猪油，烧至五成热下入鸡肉片，用筷子拨开，滑熟，用漏勺捞出沥油。

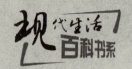

（3）炒锅留少许底油烧热，加入鸡汤、青豆、笋片、精盐、黄酒烧沸，撇去浮沫，用湿淀粉勾稀芡，加上味精、口蘑片、鸡肉片、菜心烧至入味出锅装入汤盘。

（4）炒锅内放入麻油，烧热时放入花椒，炸至金黄色时捞出花椒，将麻油淋入汤盘即成。

功效：此菜以温中益气、补精添髓的鸡肉配补气益胃、悦脾的口蘑等物。其作用重在滋补强身，其特点为补中兼清、不燥不滞。食之可增进食欲、助消化、补益健身。常可作为虚劳羸瘦、中虚胃呆、食少乏力以及年老、久病、产妇体虚等病症的辅助食疗菜肴食用。平常人食之可益气强身，是老幼皆宜的温养补益菜肴。

木耳炒肚片

原料：猪肚250克，水发木耳50克，青蒜50克，精盐、黄酒、白糖、酱油、姜、醋、味精、湿淀粉、色拉油各适量。

制法：

（1）将猪肚用醋和盐反复搓洗，再用清水冲洗净，放入沸水中煮至八成熟捞出，用刀斜切薄片。青蒜切斜片，姜切细末。

（2）炒锅置旺火上，加油烧热，用姜末炸锅，加青蒜、木耳、肚片炒几下，随后加黄酒、精盐、白糖、酱油和适量水烧开，用湿淀粉勾芡，加入味精推匀即成。

功效：猪肚性味甘温。功能补虚损、健脾胃，配以木耳滋补作用较好。常作为治疗虚劳清瘦、脾胃虚弱、泄泻、下痢、消渴、小儿疳积等病症。

萝卜丝拌发菜

原料：红萝卜500克，水发发菜50克，辣椒丝250克，精盐、醋、酱油、花椒粉、胡椒粉、麻油、芫荽末各适量。

制法：红萝卜洗净切成细丝，加入精盐腌浸10分钟，挤干水。辣椒丝也加少许盐腌浸一下，待用。将水泡发菜去杂洗净沥水待用。红萝卜丝和辣椒丝放在盘里面，发菜放在上面，放入以上各种调料，撒上芫荽末拌匀即可。

功效：萝卜具有健脾助运，清肺化痰、下气宽中的功效。《本草纲目》载"主治酸、化积滞、解毒、散瘀血。"辣椒具温中散寒、开胃消食。萝卜、辣椒含丰富的维生素C，除可预防坏血病外，近来又发现它对防治动脉粥样硬化、冠心病、脑溢血都有一定疗效，对预防癌症有一定作用。发菜与萝卜、辣椒组成此菜，具有健脾开胃、软坚化痰等功效。可作为食停不化、脘腹胀满、咳嗽痰多、冠心病、动脉硬化、癌肿等病患者的辅助食疗菜肴。

地耳豆腐

原料：鲜地耳150克，豆腐200克，精盐、味精、葱花、色拉油各适量。

制法：将地耳去杂洗净。豆腐切小块放入锅内煮一下，捞出。锅内放油烧热，放入葱花煸香，加入豆腐放入精盐和适量水煮沸，加入地耳炖至入味，点入味精推匀出锅即成。

功效：此菜由清热明目、益气的地耳配以宽中益气、和脾胃的豆腐组成，清热益气的功效更强。对目赤红肿、夜盲、脱肛等有一定疗效。同时为人体提供丰富的蛋白质、钙、磷、铁等营养成分。

宜忌：地耳性寒、豆腐性凉，组成此菜，不宜多食。

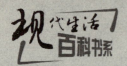

鸡翅羊肚菌

原料：干羊肚菌100克，鸡翅5对，葱、姜、酱油、五香粉、精盐、黄酒、味精、鸡汤、湿淀粉、熟猪油各适量。

制法：

（1）干羊肚菌先用清水泡发，然后洗净，放入水中焯一会，捞起沥去水分。

（2）鸡翅清洗后，折为两段放入碗内，放入精盐、酱油、五香粉、黄酒和清水少许，拌匀，腌半小时。

（3）炒锅内注入熟猪油，置武火上烧至五成热时，放入鸡翅炸呈金黄色，捞入小锅内。再放入羊肚菌、精盐、葱、姜块（拍松）、鸡汤，在武火上烧开，移至文火上煨约1小时，待鸡翅熟透，捞出摆在盘子周围，羊肚菌摆在中心。

（4）将煨羊肚菌的汁水倒入炒锅内置武火上，放入酱油、味精等用湿淀粉勾芡。淋在羊肚菌上即成。

功效：羊肚菌又称羊肚菜，为我国药用真菌之一。其性味甘平，具有补益脾胃，化痰理气的作用。配以温中益气、兼有理气化痰、强筋续骨的鸡翅，适用于虚损劳积、脾虚滑泻、气虚痰多、风湿日久、体虚、筋脉疼痛或外伤骨折等病症。

鸡腿蘑炖豆腐

原料：鲜鸡腿蘑250克，豆腐500克，精盐、味精、葱花、素油各适量。

制法：将鸡腿蘑去杂洗净撕条。豆腐切大块，放入沸水锅焯一下，捞出切小块。油锅烧热，放入葱花煸香，加入豆腐、鸡腿蘑、精盐、味精和适量水，烧沸改为文火炖，炖至鸡腿蘑入味即可出锅。

功效：鸡腿蘑具有益胃、清神、助消化、治痔的功效。豆腐具有益气和中、生津润燥、清热解毒的功效。《随息居饮食谱》载豆腐"清热、润燥、生津、解毒、补中、宽肠、降浊"。此菜具有益脾健胃、润燥解毒的功效。可作为体虚、气血不足、脾胃虚弱、痔疮、糖尿病等病症患者的辅助食疗菜肴。

金针冬笋炒油菜

原料：油菜 300 克，鲜金针菇 50 克，冬笋片 50 克，黄酒、味精、精盐、酱油、白糖、葱、姜、湿淀粉、豆油、麻油、豆芽汤各适量。

制法：

（1）将油菜洗净，横着中间片开，再切成 3 厘米长，10 厘米宽的片。冬菇去杂洗净。

（2）炒锅放油烧至六成热时，放入冬菇、冬笋，待浮起后捞出。油菜倒入沸水锅中焯透捞出。葱、姜切末备用。

（3）锅中留少量底油，下葱、姜末炸锅，随即加入黄酒、精盐、酱油、白糖、冬菇、冬笋、油菜煸炒，再加味精、豆芽汤，烧沸后用湿淀粉勾稀芡，淋入麻油即可出锅。

功效：油菜具有补中润燥、清热解毒的作用。冬菇能补气强身、益胃助食，并有降胆固醇、抗癌和预防肝脏疾病和肠胃道溃疡的作用。冬笋有益气和中、清热化痰的作用。三物相合成肴，能补气健脾、助消化。对年老体虚、久病气虚、少气乏力、食欲不振以及高胆固醇、肝炎、肠胃道溃疡等患者可作为保健食疗菜肴使用。亦是青少年增智长身体的好菜肴。

金针菇扒鸡胗

原料：水发金针菇 100 克，鸡（鸭）胗 5 个，猪瘦肉 150

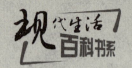

克，姜片、蒜瓣、黄酒、白糖、酱油、鸡油各适量。

制法：

（1）将鸡肫洗净，去内皮，切块；金针菇洗净，切段；肉切片。将鸡肫块入沸水中焯片刻，用清水漂洗后置碗中，加黄酒、精盐、白糖，上笼蒸至酥烂。

（2）炒锅上火，加鸡油烧热，投入姜、蒜煸香；倒入肉片，加酱油，用旺火炒几下；移至文火，投入金针菇，翻炒几下。蒸笼中取出鸡肫，将金针菇、肉片连同汤汁扒在鸡肫上即可。

功效：金针菇扒鸡肫具有消食积、健胃肠的功效。适用于食积不化、脘腹胀满、肠胃道溃疡等病症。常食之，能树人体正气，防癌抗癌，防病健身，益智健脑。

香菇炒牛肉

原料：鲜香菇 250 克，熟牛肉 150 克，黄酒、精盐、味精、酱油、葱花、姜片、湿淀粉各适量。

制法：将香菇去杂洗净撕片，牛肉切片。锅烧热，投入牛肉片炒至水干，烹入黄酒、酱油继续煸炒，加入精盐和适量水煸炒至牛肉入味，投入香菇炒至入味，用湿淀粉勾芡，点入味精，推匀出锅装盘。

功效：牛肉性味甘、温，具有安中益气、健脾养胃、强身壮筋等功效。与香菇相配组成香菇炒牛肉，含有丰富的营养成分，可作为泄泻、乏力、消瘦、筋骨酸软等病症患者的营养保健菜。健康人常食之可大补人体。

银耳豆腐

原料：银耳 50 克，豆腐 250 克，芫荽叶 10 克，精盐、味精、淀粉、黄豆芽汤各适量。

制法：

（1）将银耳用水泡发，去杂除蒂，洗净，放在沸水中焯透，捞出均匀摆放在盘子里。

（2）豆腐压成泥，加入精盐、味精、淀粉搅成糊状备用。用羹匙调好豆腐泥，加入芫荽叶于表面上，上笼蒸5分钟左右取出，均匀地摆在装银耳的盘子里。

（3）锅中加入豆芽汤、精盐，烧沸后加入味精，用少量湿淀粉勾芡，浇在银耳上面即成。

功效：此菜取滋阴清热、养胃生津、强身健体之品银耳，与清热解毒、和中润燥、宽肠降浊的豆腐同用，对于久病体虚、气血亏耗、阴血不足、心悸劳咳，以及腹胀、水肿、脾胃虚弱、消化不良或小儿疳积、泻痢均有良好的作用。常食用，又可以补益脾胃，健身宁心，是理想的菜肴。

平菇鲫鱼

原料：鲜平菇250克，鲫鱼500克，鸡油、黄酒、葱花、生姜丝、精盐、味精、香菜末、鲜汤各适量。

制法：将平菇去根洗净，切成长条块。鲫鱼去鳞及内脏，洗净，沥干水。炒锅上中火，放鸡油30克烧热，下葱花、生姜丝，煸炒出香味后再下鲫鱼，烹入黄酒、鲜汤，烧沸后，放入平菇片，转用小火炖5分钟，汤成乳白色时加精盐、味精、香菜末，出锅盛入汤盆中即成。

功效：健脾利湿，增强体质。

平菇青鱼

原料：平菇150克，青鱼500克，红辣椒50克，色拉油300克，黄酒、红辣椒油、白糖、精盐、味精、鲜汤、生姜丝

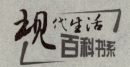

各适量。

制法：将平菇去根，洗净后切成长条。红辣椒去蒂、子，洗净后切成长丝。青鱼去内脏，洗净后剔去皮，切成 6 毫米的正方形鱼丁。炒锅上中火，放油烧至七成热，将鱼丁放入略炸后捞出，沥净油。原锅留底油适量，放入平菇丁、红辣椒丝、葱花、生姜丝，煸炒片刻后烹入黄酒，加入精盐、白糖、鲜汤、鱼丁，烧开后撇去浮沫，转小火焖烧，待鱼丁熟后，即转旺火收浓汁，放味精，浇上红辣椒油出锅，装入盘中即成。

功效：益气健脾，补充营养。

平菇炒牛肉

原料：鲜平菇 250 克，牛肉脯 150 克，色拉油 250 克，酱油、小苏打、黄酒、生姜丝、蒜茸、精盐、味精、麻油、干淀粉、湿淀粉、胡椒粉、鲜汤各适量。

制法：将平菇去根洗净，用开水焯一下捞出，再用冷水冲凉，挤干水分，切成丝。牛肉洗净，切成丝，放碗内，加酱油、干淀粉、植物油、清水适量，小苏打 3 克拌匀，腌 30 分钟。炒锅上中火，放油烧热，下平菇丝、精盐、鲜汤适量，炒至九成熟，倒入漏勺沥水。炒锅上中火，放油烧至六成热，下牛肉丝过油至九成熟，捞出，沥净油。原炒锅留底油，下生姜丝、蒜茸、平菇丝、牛肉丝煸炒片刻，烹入黄酒、酱油，加味精、精盐、鲜汤适量炒匀，用湿淀粉勾芡，撒入胡椒粉，淋上麻油后起锅装盘即成。

功效：补养气血，健脾益胃。

平菇鸡蛋汤

原料：鲜平菇 250 克，鸡蛋 3 只，青菜心 50 克，黄酒 10

克，色拉油 30 克，精盐、酱油、鲜汤各适量。

制法：将鲜平菇洗净，去老蒂，批切成薄片，放入沸水锅中略焯捞出。鸡蛋磕入碗中，加入黄酒、精盐搅匀。青菜心洗净，切成段。炒锅上旺火，放油烧热，下青菜心煸透，放入平菇，倒入鲜汤烧沸，加精盐、酱油，倒入蛋液，烧沸后盛入碗中。

功效：补中益气，健脾养胃。

口蘑锅巴

原料：口蘑 25 克，锅巴 100 克，浸口蘑汤 300 克，酱油 5 克，精盐、味精各 2 克，黄酒 10 克，色拉油 500 克（实耗约 50 克），豌豆苗适量。

制法：先将口蘑洗净，再用冷水 500 克浸发（冬春季浸发 4 小时，夏秋季浸发 2 小时），使其吸水发软，取出放在碗里，加精盐搓揉去泥沙，用布揩去面上沙斑，然后用刀斜切成扇形的薄片，将浸口蘑的汤澄清后取 300 克待用。锅巴用手掰成 6 厘米左右见方的小块。炒锅内放入浸口蘑汤、清水 500 克、口蘑和酱油，用旺火烧开，撇去浮沫，加味精、黄酒、豌豆苗，即起锅倒入大汤碗中。在烧蘑菇汤的同时，炒锅上旺火，放油烧到八成热，投入锅巴炸至呈深金黄色即捞起沥油，倒入盘中，迅速上桌，将锅巴倒入口蘑汤碗里（发出响声）即成。

功效：健脾养胃。适用于食欲不振，消化不良之人经常食用。

炸素什锦丸子

原料：水发黄花菜、水发玉兰片、荸荠、麻油各 20 克，面粉 15 克，水发口蘑、淀粉、色拉油各 50 克，味精 1 克，精盐 2

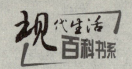

克，黄酒 15 克，花椒盐适量。

制法：先将口蘑、黄花菜、玉兰片均切成末。荸荠洗净，去皮，拍成泥。将以上原料放在碗内，加入面粉、淀粉、味精、精盐、麻油、黄酒调匀。炒锅上火，放油烧至五成热，将碗内的原料挤成圆丸子，放入油内炸，炸至金黄色，丸子已熟透时捞出放在盘内，盘边撒上花椒盐即成。

功效：养血平肝，利肠益胃。

口蘑烩羊蹄

原料：熟白羊后蹄 4 个，水发口蘑 50 克，鸭油、葱段、生姜片各 25 克，味精 2 克，黄酒、香糟酒、淀粉、酱油各 10 克，鲜汤 200 克，浸口蘑汤 100 克，精盐适量。

制法：将口蘑洗净，切成片，然后放入开水锅中焯透，捞出。熟白羊后蹄剔去骨，切成块，放入开水锅中焯透，捞出，码入碗中。再将口蘑片码在羊后蹄肉上，并加入葱段、生姜片、味精 2 克、黄酒 3 克、酱油鲜汤，上笼蒸透，取出拣去葱段、生姜片。然后将碗内的羊后蹄肉块、口蘑片加入汤盘中，将汤汁滗入炒锅内，加入味精、黄酒、香糟酒、精盐，上火烧开，加入口蘑汤，用淀粉勾成流汁，淋入鸭油，浇入汤内即成。

功效：壮骨强筋，健脾养胃。

口 蘑 鲜 汤

原料：口蘑 50 克，鲜汤 1 000 克，味精 2 克，精盐适量。

制法：先将口蘑洗净，放入清水中发涨后捞起（浸泡的水香味很浓，留下备用），再加精盐将口蘑揉洗去泥沙，切成薄片。然后将水发口蘑及其原水和鲜汤一起下锅，加上调料煮沸即成。

功效：健脾益胃，解表透疹。

口蘑蒸豆腐

原料：口蘑 35 克，鸡蛋 1 只，豆腐 200 克，淀粉、胡椒粉、味精、精盐各适量。

制法：先将豆腐、鸡蛋、胡椒粉、味精、精盐等制成糊。将口蘑洗净泡发，切成薄片，抹上淀粉细末。再将糊涂在口蘑上成金钱形，上笼蒸熟，装入碗内。然后用留下的口蘑水调和汤汁烧沸，浇入碗内即成。

功效：滋阴补肾，健脾开胃。

口蘑熘羊肚

原料：熟羊肚 300 克，水发口蘑 50 克，麻油、黄酒各 20 克，味精 2 克，香菜末、淀粉、酱油各 15 克，鲜汤 300 克，浸口蘑汤 50 克，精盐适量。

制法：先将口蘑洗净，切成片，熟羊肚切成块。再将口蘑片、羊肚块一起放入开水锅中焯一下，捞出控去水。另将香菜择洗干净，切成末待用。将汤锅上火，加入鲜汤、羊肚块、口蘑片、味精、黄酒及浸口蘑汤，烧滚后撇去浮沫，稍煨，用淀粉勾成流汁，淋上麻油，出锅盛入盘内，撒匀香菜末即成。

功效：健脾养胃，补虚益气。

五福口蘑

原料：水发口蘑 100 克，熟羊肚、熟羊肝、熟羊心、熟羊肺、熟羊肠各 50 克，味精 2 克，黄酒、淀粉各 15 克，麻油、葱段、生姜片各 10 克，鲜汤 500 克，精盐适量。

制法：先将熟羊肚、羊肝、羊心、羊肺、羊肠均切成片，

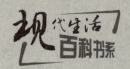

并放入开水焯一下，捞出控去水。然后将羊肚片码入碗中，再将其余的码在羊肚片的周围。将口蘑择洗干净，切成片，在开水锅中焯一下，捞出码在碗中，加上葱段、生姜片、味精、黄酒、精盐和适量的鲜汤，上笼蒸至软烂，取出后拣去葱段、生姜片。将碗扣入大汤盘中，去掉碗后，将汤汁滗出待用。将汤锅坐于火上，加入滗出的汤汁鲜汤，调好口味，待汤烧开，撇出浮沫，用淀粉勾薄芡，淋上麻油，浇入盘中即成。

功效：健脾养胃，补血养心，润肺利肠。

香菇面片汤

原料：新鲜香菇 25 克，猪瘦肉 30 克，面粉 30 克，葱花、生姜末各 3 克，精盐 2 克，味精 1 克，麻油 10 克。

制法：将猪肉洗净切丝，香菇洗撕碎。炒锅置火上，倒入麻油少许，至油热，放入生姜、葱爆炒，再倒入肉丝翻炒，肉将熟时倒入香菇略炒一下，加入热水适量，煮沸；然后将面粉加水和成面团，擀成面片，切成小块，下入肉丝香菇汤中，煮至面熟，加入精盐、味精调味即成。

功效：养心宁神，滋阴润燥，健脾益气。

香菇牛肉粥

原料：香菇、牛肉、粳米各 100 克，葱花 10 克，生姜末 5 克，精盐 3 克，味精 2 克。

制法：将牛肉煮熟切成薄片，然后与洗净的香菇、粳米一同入锅，加水煮粥，半熟时放入葱花、生姜末、精盐、味精等继续煮至粥成。

功效：和胃调中，理气止痛。

香菇虾笋肉饺

原料：水发香菇、五花猪肉各150克，虾仁、去皮笋、韭菜各50克，火腿肉25克，山芋粉250克，精盐、味精、黄酒、肉汤、湿淀粉、麻油各适量。

制法：将香菇、虾仁、笋、韭菜、火腿分别洗后切成碎末。五花肉去皮骨，洗后切成碎末。炒锅上火，加入麻油，将以上各料下锅略炒，烹入黄酒、味精、精盐、肉汤，烧透后用湿淀粉勾芡，淋上麻油炒匀成馅心，起锅装在盆内，冷却后备用。将山芋粉放入碗内，冲入沸水拌和，倒在案板上揉成团，擀成扁圆形薄皮，放入馅心包拢，制成蒸饺形状，捏成荷叶达形，放入蒸笼内，上锅用旺火蒸5分钟出锅，饺底蘸上麻油即成。

功效：滋阴润燥，健脾和胃。

香菇发菜汤

原料：大香菇150克，发菜50克，雪里蕻30克，生姜、精盐、冰糖、黄酒、麻油、鲜汤、色拉油、白胡椒粉各适量。

制法：先将香菇洗净去蒂，挤干水分，放入碗内，加入植物油、生姜、精盐、黄酒、冰糖、鲜汤盖好，入笼用旺火蒸10分钟后取出香菇，挤去水分，菇面向下平放，均匀地撒上一层干淀粉。雪里蕻洗净，加调料拌入味后分入在香菇上。将干淀粉50克放入碗内，先用冷水适量调匀，再冲入滚开水50克，迅速搅拌调匀，分放在每只香菇上，用刀尖抹平即成"甲鱼"生坯。将发菜放碗内，用清水泡洗干净，逐一团成似杏核大的圆球，放进盆内，对入鲜汤100克，精盐和"甲鱼"生坯一起入笼蒸约5分钟出笼，整齐地码在大汤碗中。炒锅入中火上，倒入鲜汤和蒸"甲鱼"生坯、发菜球的原汁，加精盐烧开，撇

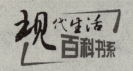

去浮沫，放入味精、白胡椒粉，淋上麻油即成。

功效：清热利尿，补益肠胃。

虾皮炒香菇

原料：水发香菇 150 克，虾皮 50 克，黄酒、色拉油、鲜汤、葱、生姜、酱油、湿淀粉、麻油各适量。

制法：先将香菇洗净去蒂，挤干水分备用。虾皮洗净备用。葱、生姜洗净后切成末备用。炒锅上中火，放油烧热，下虾皮炒香，随即加入葱花、生姜末、酱油、黄酒，倒入香菇、鲜汤，烧开后改成小火慢慢煨烂，转为大火用湿淀粉勾芡，淋上麻油即成。

功效：补充钙质，益气养胃。

香菇炒芹菜

原料：水发香菇 100 克，芹菜心 250 克，麻油、味精、黄酒、淀粉、酱油、精盐、葱花、生姜末各适量。

制法：先将香菇洗净，用刀切成两片。芹菜心择洗干净，切成斜丝。将香菇片、芹菜丝同入沸水锅中焯透，捞出控干水。炒锅上火，放麻油、葱花、生姜末，煸炒片刻后下香菇、芹菜丝煸炒，烹入黄酒，加味精、酱油、精盐，用湿淀粉勾芡，淋上麻油，翻炒均匀，出锅盛入盘内即成。

功效：补气益胃，解毒降压。

菇笋炒肉片

原料：干香菇 150 克，鲜笋、瘦猪肉各 100 克，精盐、味精、胡椒粉、白糖、葱头、色拉油、麻油、湿淀粉各适量。

制法：先将香菇放入清水中泡涨，去蒂，洗净后切成薄片。

再将鲜笋、瘦肉洗净，分别切成薄片，瘦肉盛入碗内，加精盐、味精、胡椒粉、湿淀粉拌匀。葱头洗净后切成厚片。炒锅上中火，放麻油适量，烧至四成热时，下肉片滑熟倒入漏勺中，再在锅中放适量油，下香菇片煸炒，炒香后下葱片、鲜笋片，加白糖、精盐、味精、胡椒粉烧几沸，再将肉片下入炒匀，用湿淀粉勾芡，淋上麻油拌匀即成。

功效：滋阴补气，通利肠胃。

炒素蟹粉

原料：水发香菇25克，熟胡萝卜、熟鲜笋各15克，熟土豆250克，色拉油20克，白糖、精盐、醋、生姜末、味精各适量，绿叶菜适量。

制法：将熟土豆、胡萝卜去皮压成泥，鲜笋斩成茸，绿叶菜和水发香菇切成丝。炒锅上火，放油烧热，放土豆、胡萝卜泥煸炒，炒到起酥，再放绿叶菜和香菇丝同炒，加白糖、精盐、味精、生姜末稍炒后，淋适量醋，起锅装盘即成。

功效：和胃调中，健脾益气。

香菇盒

原料：干香菇36枚，豆腐半块，净冬笋50克，鸡蛋1只，精盐2克，味精1克，酱油20克，白糖5克，素鲜汤150克，湿淀粉、麻油各10克，熟面筋、干淀粉、色拉油各25克，葱花、生姜末各适量。

制法：将同样大小的香菇，用温水泡软，去蒂洗净，摊开在案板上用砧板压平。冬笋、熟面筋均切成碎粒。豆腐放入碗中，用筷子捣成泥状，放入冬笋粒、熟面筋粒、葱、生姜末，磕入鸡蛋，加干淀粉、精盐、酱油、味精、白糖、熟油，捣拌

均匀成馅心。取 18 个压平的香菇，菇面向下摆在案板上，均匀撒上 15 克干淀粉，再在每个香菇上放一份馅心。然后在每个放好馅心的香菇上盖 1 个未撒干淀粉的香菇，即成为香菇盒。并将其整齐地摆在盘内，上笼蒸约 15 分钟取出。炒锅上火，放素鲜汤，滗入澄清的香菇水，放酱油、精盐、味精烧开，再用湿淀粉调稀勾薄芡，淋上麻油，起锅浇在香菇盒上即成。

功效：汤汁味美，益气利肠，生津润燥，益气补虚。

香菇干贝豆腐

原料：豆腐 300 克，水发香菇 50 克，水发干贝 30 克，鸡蛋 6 只，牛奶 150 克，青豆、熟火腿各 15 克，黄酒、精盐、味精、湿淀粉、鲜汤、麻油各适量。

制法：将鸡蛋清打入大碗内，放入豆腐、牛奶、精盐、味精搅匀，再装入汤盘，上笼用旺火蒸 20 分钟左右取出，用小刀划成菱形方块。干贝用温水洗净放碗内，加入肉汤、黄酒上笼蒸后倒入沙锅内，加放精盐、味精、火腿片、香菇片、青豆烧开，用湿淀粉勾芡，淋上麻油，浇在豆腐上即成。

功效：滋补强壮，益气养血，生津润燥。

卤 香 菇

原料：水发香菇 250 克，酱油 15 克，白糖、麻油各 20 克，精盐 2 克，味精 1 克，鲜汤 30 克。

制法：将水发香菇洗净后，去根蒂待用。炒锅上火，加适量麻油，放入香菇和鲜汤，烧沸后，加入酱油、白糖、精盐、味精等。改用小火烧 40 分钟左右，再用旺火收干卤汁，并淋上麻油起锅装盘即成。

功效：益气补虚，健脾养胃。

素 鳝 丝

原料：水发香菇 250 克，熟冬笋丝 60 克，素鲜汤 50 克，酱油、干淀粉各 30 克，色拉油 500 克，麻油、白糖、精盐、味精、黄酒、湿淀粉、生姜末各适量。

制法：将水发香菇湍边转圈剪成 0.6 厘米宽的细条，形似鳝丝，捏干水分放在碗中，加黄酒、精盐、味精、生姜末拌匀，撒上干淀粉。锅放火上，放入色拉油，烧至八成热，将香菇丝放入锅内过油后捞出。锅内留余油，放入冬笋丝煸炒，再加入酱油、白糖、素鲜汤、味精烧开，用湿淀粉勾芡，倒香菇丝颠翻几下，淋上麻油，起锅装盘即成。

功效：补气健脾，通利肠胃。

二 冬 香 菇

原料：香菇 100 克，冬笋 150 克，冬瓜 500 克，黄酒、酱油、精盐、味精、黄豆芽汤、色拉油、麻油、湿淀粉、白糖各适量。

制法：将香菇用水浸泡，去蒂，洗净备用。冬笋去皮，洗净后切成片。冬瓜去皮、去瓤，切块，用开水煮烂，捞出后用凉水漂凉，沥干水。炒锅上火，放油烧热后加酱油、精盐、味精、白糖、黄酒和黄豆芽汤，随即下香菇、冬笋片、冬瓜块，烧开后用小火煨 5 分钟，用湿淀粉勾芡，淋上麻油即成。

功效：通利肠胃，补气养胃，清热解毒。

香菇蒸松子仁

原料：香菇 50 克，松子仁 25 克，去皮熟荸荠 30 克，豌豆 10 克，黄酒、色拉油、生姜片、精盐、味精各适量。

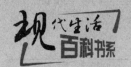

制法：将香菇放入温水泡透，去蒂，洗净，捞出，泡香菇的原汁澄清过滤后备用。在1只有盖的瓷碗中，倒入香菇原汁，加清水适量，放入香菇、洗干净的松子仁、切成片状的荸荠、豌豆、色拉油、精盐、生姜片、黄酒、味精，盖上盖，入笼用旺火蒸约30分钟取出即成。

功效：补中益气，行气化痰，润肺滑肠，健脾养胃。

香菇炒荸荠

原料：水发香菇150克，荸荠250克，色拉油、鲜汤、精盐、白糖、生姜末、湿淀粉、黄酒、麻油、酱油、味精各适量。

制法：将香菇洗净，去蒂，挤干水。荸荠洗净后去皮切片。炒锅上旺火，放油烧热，下生姜末、香菇煸香，放入荸荠片，烹入黄酒，倒入鲜汤烧沸，加精盐、酱油、白糖、味精烧入味，用湿淀粉勾芡，淋上麻油，出锅装盘即成。

功效：清热生津，化痰消积，健脾养胃。

香菇烧芋艿

原料：水发香菇100克，芋艿300克，素鲜汤、麻油、黄酒、精盐、色拉油各适量。

制法：将香菇洗净，去蒂，挤干水。芋艿刮去外皮，用清水洗净备用。炒锅上旺火，倒入色拉油500克烧至五成热，下芋艿滑油至熟而不烂时，出锅倒入漏勺沥油。原锅复上火，放油适量，下芋艿、香菇，倒入素鲜汤烧沸，加酱油、精盐、黄酒烧沸，烧至汤浓时，淋上麻油炒匀，出锅装盘即成。

功效：补气益肾，健脾养胃。

蘑菇炒鸡蛋

原料：蘑菇100克，鸡蛋200克，食油50克，精盐2克，香葱2根。

制法：先将鲜蘑菇洗净，切成片。香葱去须，洗净切成葱花。取碗1只，打入鸡蛋，投入蘑菇，放入精盐，用筷子打散搅均匀。炒锅上旺火，放油烧热，放入葱花，炒至起香，将鸡蛋浆倒下，不停地沿锅底煸炒，待结成块状时出锅装盘即成。

功效：鲜香爽口，补益肠胃，化痰理气。

蘑菇炒蜗牛

原料：鲜蘑菇100克，活蜗牛200克，麻油、黄酒、精盐、味精、酱油、白糖、葱花、生姜末、蒜茸、胡椒粉、湿淀粉各适量。

制法：先将人工喂养的活蜗牛先养2天，然后放入20％的精盐水中浸泡15分钟，再放入沸水中煮10分钟，目的是使蛋白质凝固，减少其流失。将蜗牛肉切成片，蘑菇洗净切片。炒锅上旺火，加入麻油，投入葱花、生姜末、蒜茸，略炸，放入蜗牛片、蘑菇片，煸炒，加黄酒、酱油、白糖，烧沸，再加味精，用湿淀粉勾芡，淋上麻油，撒上胡椒粉即成。

功效：清热开胃，化痰解毒。

蘑菇腐竹

原料：鲜蘑菇200克，腐竹100克，黄酒50克，鲜汤50克，精盐、味精、色拉油、花椒各适量。

制法：将发好的腐竹放入沸水锅中烫一烫捞出，沥干水分，再切成3厘米长的段。鲜蘑菇洗净后入沸锅中焯透捞出，在其

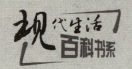

顶部刻上十字刀纹，用盐、黄酒淹片刻。黄瓜洗净，切去两头，再切成菱形小块，用精盐适量略腌片刻，挤去汁。将腐竹摊放在盘底，四周放上鲜蘑菇，再将腌过的黄瓜围放在鲜蘑菇与腐竹的交界处。炒锅上中火，放入色拉油烧热，下花椒粒炸香，出锅浇在菜上即成。

功效：开胃消食，补脾益气。

蘑菇白菜心

原料：蘑菇150克，白菜心300克，色拉油50克，精盐、味精、葱花、生姜末、蒜茸各适量。

制法：将蘑菇洗净，入沸水锅中略焯捞出，一切两半。白菜心洗净沥干水，切成薄片。炒锅上旺火，放油烧热，下生姜末、蒜茸、葱花爆香，倒入白菜片煸炒至六成熟时，下蘑菇，放精盐、味精炒熟即成。

功效：健脾利肠，解热除烦。

蘑菇番茄

原料：鲜蘑菇500克，番茄250克，色拉油50克，白糖30克，精盐、味精、黄酒各适量。

制法：将鲜蘑菇洗净，去蒂，入沸水锅中略焯后捞出，沥净水。番茄洗净切成块。炒锅上中火，放入植物油烧热，下番茄炒透、炒稠，放入鲜蘑菇，加白糖、黄酒、味精、精盐、清水各适量烧沸，然后将锅移至上小火烧入味即成。

功效：健脾开胃，生津止渴。

蘑菇炒三丁

原料：鲜蘑菇100克，鸡脯肉250克，冬笋30克，鸡蛋1

只，色拉油50克，黄酒、酱油、葱花、生姜末、糖色、味精、麻油、醋、淀粉各适量。

制法：先将蘑菇、冬笋洗净后分别切成丁，放入开水锅中焯一下，沥水备用。鸡脯肉剔去筋，划上浅花刀，切成丁，放入碗中，加入鸡蛋清、精盐、淀粉拌匀。炒锅上火，加入色拉油，烧至六成热时，下鸡丁，滑后捞出控油。锅内加麻油、葱花、生姜末炝锅，煸出香味后加入鸡丁、蘑菇丁、冬笋丁，烹入黄酒、醋，加入精盐、酱油、糖色，翻炒几下，撒入味精，用淀粉勾芡，淋上麻油，出锅盛入盘中即成。

功效：补虚益气，开胃健脾。

蚝油蘑菇

原料：鲜蘑菇250克，蚝油25克，色拉油30克，鲜汤50克，酱油、白糖、精盐、生姜汁、黄酒、湿淀粉各适量。

制法：将蘑菇洗净控干后，在顶部剖上十字刀纹。炒锅上中火，放入色拉油烧热，烹入生姜汁、黄酒，下蘑菇、白糖、酱油、精盐、鲜汤烧沸，再加蚝油烧至入味，用湿淀粉勾芡炒匀即成。

功效：开胃消食，通利肠胃。

蘑菇洋葱

原料：鲜蘑菇300克，洋葱100克，色拉油30克，香菜末、精盐各适量。

制法：将蘑菇洗净，放入沸水中略焯后捞出，控去水，用刀切成块，再加精盐适量拌匀。洋葱去皮，洗净后切成薄片。炒锅上火，放油烧热，下蘑菇块煎至外皮微脆时，下洋葱片炒熟，出锅装盘，撒上香菜末即成。

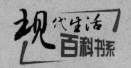

功效：开胃消食，增进食欲。

草菇菜心

原料：鲜草菇300克，青菜心500克，鲜汤300克，黄酒、白糖、精盐、味精、湿淀粉、麻油各适量。

制法：先将草菇去蒂，洗净后放沸水中略焯后捞出。青菜心洗净后，切去根，顺长一切为二，再切成4片，入沸水锅中焯透捞出，用冷水过凉，捞出，整理齐后，切去部分菜叶，留10厘米长的段。汤锅上旺火，倒入鲜汤，下黄酒、精盐、白糖适量烧沸，下草菇、青菜心烧入味，加味精，淋上麻油，用湿淀粉勾芡，出锅装盘即成。

功效：补中开胃，健体强身。

草菇白菜

原料：鲜草菇150克，嫩白菜250克，鲜汤、奶油、葱姜汁、精盐各适量。

制法：将草菇洗净，切成厚片，入沸水锅中焯，捞出沥净水。白菜洗净，切成菱形片。炒锅上旺火，放入奶油、草菇片、白菜片翻炒片刻，烹入葱姜汁，倒入鲜汤烧沸，加精盐烧入味，出锅装盘。

功效：补虚清胃，养心健脾。

姜汁平菇

原料：鲜嫩平菇300克，生姜汁、酱油、鲜汤、味精、麻油、味精各适量。

制法：将平菇去根洗净，入开水锅内焯熟后捞出，沥净水，装入盘内。在碗内倒入酱油、生姜汁、味精，冲入鲜汤，加麻油调匀，兑成调味汁。将调味汁浇在装平菇的盘子内，用筷子拌匀即成。

功效：补脾开胃，防癌抗癌。

平 菇 墨 鱼

原料：平菇 250 克，墨鱼 300 克，黄酒、酱油、精盐、麻油、鲜汤、葱花、生姜末、味精各适量。

制法：将平菇去根洗净，切成长 5 厘米、宽 3 厘米的长方形块。再将墨鱼用水浸透，去皮、筋，切成与平菇相应大小的块。炒锅上中火，加油烧热，下葱花、生姜末煸出香味，加入墨鱼块，煸炒片刻后烹入黄酒，加精盐、味精、酱油、鲜汤，烧开后改用小火炖至熟烂，淋入麻油，倒入碗中即成。

功效：健脾利水，补肾养阴。

香 菇 藕 饼

原料：水发香菇、面粉、色拉油各 50 克，莲藕 400 克，香菜 10 克，嫩生菜 100 克，酱油、麻油各 5 克，胡椒粉 2 克，精盐、味精各适量。

制法：先将藕去皮洗净，切成细丝，加精盐、胡椒粉拌匀，腌约 10 分钟，沥净水。香菇去掉菇柄，切成碎末，放在藕丝中。生菜洗净分开，沥净水后摆在平盘内。在藕丝中加入酱油、味精、麻油、面粉拌匀，做成 12 个厚 1 厘米的团饼。炒锅中放入色拉油，用小火烧热，放入藕饼煎至金黄酥脆出锅，放在生菜上面即成。

功效：健脾开胃，益气补虚。

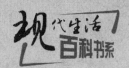

香菇扁豆

原料：香菇、冬笋片各50克，扁豆200克，麻油、酱油、鲜生姜、鲜汤、湿淀粉、味精各适量。

制法：先将香菇用温水浸泡，去蒂，洗净后切成厚片备用。扁豆洗净后摘去筋，切成两段，放入沸水煮一下，用漏勺捞出，放凉水中浸泡片刻，再捞出沥干水分。炒锅上火，放入麻油适量，下生姜末炸香，随下精盐、酱油、鲜汤，烧开后下香菇片、冬笋片、扁豆，爆煮3分钟，加味精、湿淀粉勾芡即成。

功效：通利肠胃，健脾和中，消暑化湿。

香菇炖母鸡

原料：水发香菇100克，嫩母鸡1只，笋丝50克，火腿丝25克，黄酒、精盐、味精、酱油、鲜汤、葱花、生姜丝、白糖各适量。

制法：先将香菇洗净，去蒂，切成丝。将鸡宰杀后去毛及内脏，洗净，用刀沿鸡脊背由尾至肩剖开，再用刀跟在脊骨上排斩数刀，将两支鸡腿弯入膛内，下沸水锅中焯透，捞出洗净。将香菇丝、笋丝、火腿丝、葱花、生姜丝塞入鸡膛内，鸡腹朝上，放入大汤盘内，加黄酒、鲜汤、精盐、白糖、酱油、味精，上笼蒸熟取出。将鸡膛内的香菇丝、笋丝、火腿丝、葱花、生姜丝及调料汁倒入汤锅内，用刀切下鸡翅、鸡颈，垫在盘中，再将鸡身及鸡腿剁成整齐的块，码在盘内呈原来的形态。汤锅上火，待汤烧沸时，出锅浇在全鸡上即成。

功效：补精添髓，健脾养胃。

鲜蘑烧豆腐

原料：鲜蘑菇 30 克，豆腐 500 克，雪里蕻、生姜末、辣豆瓣酱、麻油各 10 克，酱油、黄酒各 5 克，白糖 2 克，色拉油 500 克，素鲜汤 300 克，精盐、味精、湿淀粉各适量。

制法：将豆腐切成 1.2 厘米见方的丁，雪里蕻、鲜蘑菇切成末。炒锅上火，放油烧至八成热，撒入豆腐丁炸呈金黄色捞出沥净油，放入清水中浸泡 5 分钟，捞出沥干水分。炒锅上火，放油烧热，投入生姜末、雪里蕻末和鲜蘑末煸炒几下，放入辣豆瓣酱炒出红油，加酱油、黄酒、白糖、素鲜汤、精盐、味精烧沸，放入豆腐丁，用小火焖至味透汁浓，用湿淀粉勾芡，淋上麻油推匀，起锅装入盘中即成。

功效：健脾开胃，增进食欲。

草菇烧菱角

原料：草菇、菱角各 250 克，番茄 50 克，鲜汤 150 克，色拉油 20 克，食用碱 10 克，黄酒、湿淀粉各 15 克，精盐 3 克，味精 2 克，生姜末、麻油各适量。

制法：将草菇一剖两半。水红菱洗净后每个对剖为两片，挖出菱肉，放在锅中，加水 500 克和食用碱烧开，边烧边用漏勺不断推擦，使菱衣自然脱落，将菱肉捞起，用冷水漂清，沥净水备用。番茄用开水冲泡后剥皮、去子，浸在冷水里，捞出沥净水后切成似红菱的形状备用。将炒锅上旺火，放油烧热，下菱肉、草菇、精盐、生姜末、黄酒颠炒几下，然后加入鲜汤、番茄片、味精，烧开后，用湿淀粉勾芡，淋上麻油，起锅装盘即成。

功效：益气健脾。

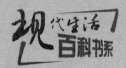

（四）健脑益智类

发 菜 球

原料：发菜 50 克，排骨 250 克，虾仁 200 克，猪肉 200 克，荸荠 100 克，精盐、味精、葱段、湿淀粉、鸡油、葱段、鸡汤各适量。

制法：

（1）将发菜漂洗干净，捞起，挤干水。排骨斩块，下沸水锅焯一下，捞出洗净。将虾仁去杂洗净，猪肉洗净，荸荠去皮洗净。三者共剁成茸，制丸。放在汤碗内。

（2）发菜放在汤盆内，将排骨盖在发菜上面，放入葱姜，上笼蒸半小时，捞出发菜，挤干。将发菜粘在虾丸上，扣碗蒸熟。

（3）锅中倾入鸡汤，加精盐、味精煮沸，用湿淀粉勾稀芡，淋入鸡油，加入蒸熟的虾丸，拌匀入味即成。

功效：排骨、虾仁、猪肉含有丰富的蛋白质、脂肪、钙、磷等是脑所需的营养成分。荸荠清热、化痰、消积。几物组成此菜含有丰富的营养成分，有很好益智健脑作用，还具有很好的滋补功效。

石 耳 羹

原料：石耳 15 克，净莲子 25 克，桂圆肉 15 克，红枣 15 枚，白糖适量。

制法：将石耳泡发，去杂洗净撕小片。莲子泡发洗净。红枣洗净。铝锅内入适量水，加入莲子、红枣烧沸，投入石耳、桂圆肉、白糖，烧至熟即成。

功效：石耳具有清肺热、养胃阴、益气活血、补脑健心的功效。莲子具有养心安神、益肾健脾等功效。桂圆肉具有补元阳、暖脾胃、除积冷、通血脉的功效。红枣具有补脾和胃、益气生津、调和营卫等功效。几物组成此羹，具有补脾和胃、滋阴润燥功效。可作为肺热咳嗽、肠胃有热、身体虚弱、肾虚遗精、腹痛泄泻等病症患者食疗菜肴。健康人食之，强健身体，益智健脑。

石耳炖鸽 ·

原料：石耳 25 克，鸽子 2 只，黄酒、精盐、味精、葱段、姜片各适量。

制法：

（1）将鸽子闷死，去毛、内脏、脚爪，洗净，放入沸水锅焯一下，捞出洗净。将石耳用温水泡发，洗净撕小片。

（2）将鸽子放锅内，加入适量水煮沸，放入黄酒、精盐、葱、姜、味精，用文火炖至鸽肉熟，投入石耳，炖至鸽肉熟烂，出锅即成。

功效：鸽肉具有补肝肾、益气血、添精髓、祛风解毒等功效。与石耳组成此菜，具有滋阴壮阳、补脑强心的功效，可作为气短、乏力、记忆力减退、肺热咳嗽、头晕耳鸣，病后体弱的滋补食品。健康人食之，益精增髓，益智健脑。

红枣冬菇汤

原料：水发金针菇 100 克，红枣 100 克，黄酒、精盐、味精、姜片、色拉油各适量。

制法：将水发金针菇去杂洗净，红枣洗净。用有盖炖盅 1

个，加入澄清的金针菇浸泡水、冬菇、红枣、黄酒、精盐、味精、姜片、适量清水和少许色拉油，用牛皮纸封好后，上笼蒸1小时左右，出笼起盅即可。

功效：金针菇含有丰富的营养成分，其中赖氨酸和精氨酸含量尤其丰富，对增强智力特别是儿童的身高和智力发育有良好的作用，还有抗癌、降胆固醇的作用。红枣具有补脾胃、生津液的功效。两者组成此菜，常可作为各种气血不足、脾胃虚弱食少、肝炎、肠胃溃疡、高胆固醇、癌症患者的保健菜使用。正常人食之能增强人体抗病、防病能力，益智健脑。

二　冬　汤

原料：冬菇 50 克，冬笋 150 克，黄酒、精盐、酱油、味精、白糖、姜、湿淀粉、猪油、鸡汤各适量。

制法：

（1）将冬菇用温水浸泡，待泡发后去杂洗净，用刀切为两半。冬笋剥去笋衣，切为两半，放沸水锅中焯透，切成厚片。姜切成块，用刀拍松。

（2）锅内放入少量油，油热用姜块煸香，加入鸡汤、酱油、黄酒、味精、精盐、白糖，烧沸后取出姜块，放入冬菇、冬笋，改为小火焖烧一会儿，用湿淀粉勾稀芡，出锅淋上明油出锅即成。

功效：此汤以冬菇配冬笋为主料，故称为"二冬汤"。同物皆为山珍之品。其功效重在补中益气、生津止渴、清热利水。常可作为脾胃气虚、胃阴不足、水肿、消渴、肾炎、肝病、肠胃道溃疡等病症的康健食疗菜肴，亦可用于癌症的辅助治疗菜肴。冬菇能增强机体免疫功能，还对增强青少年身体、智力有良好作用。常人食之能健身防病、益智健脑。

金针菇炒鸡丝

原料：金针菇 250 克，鸡肉 250 克，青菜叶 50 克，黄酒、精盐、白糖、葱花、姜丝、色拉油各适量。

制法：将金针菇洗净切段。青菜叶洗净切段，鸡肉洗净切丝。油锅烧热，下葱、姜煸香，投入鸡丝煸炒，烹入黄酒，加入精盐、白糖炒至鸡丝熟入味，加入金针菇炒至入味，加入青菜叶炒几下，用味精调味即成。

功效：金针菇含丰富的赖氨酸、精氨酸，对增强智力有很好的作用。金针菇含有菇素能增强人体对癌细胞的抗御能力。鸡肉补虚损，益五脏。两者相配成菜，适用于体虚或劳虚等症的补益调养。常食之，可益智健脑，健康少病，缓衰延年。

金针菇炒鸡肝

原料：鲜金针菇 250 克（或水发金针菇 150 克），鸡肝 500 克，黄酒、白糖、酱油、姜片、蒜片、湿淀粉、色拉油、鲜汤各适量。

制法：将鸡肝去杂洗净，切块。将金针菇去杂洗净切段。炒锅放油烧热，放姜、蒜煸香，下鸡肝煸香段时间，加入酱油、黄酒、白糖煸炒至鸡肝八成熟，加入金针菇煸炒至入味，用湿淀粉勾芡，出锅装盘即成。

功效：鸡肝含有丰富的维生素 A，有助于增强人体免疫功能，促进大脑发育，提高儿童智力水平。维生素 B_1 在保证供给神经活动所需的能量过程中起作用。烟酸维持神经健康，金针菇和鸡肝组成此菜对儿童促进记忆，开发智力有很大作用。同时还具有补肝肾、益明目的功效。常食之，树人身体正气，健康少病。

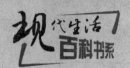

金针菇炒腰花

原料：鲜金针菇 250 克，猪肾 1 对，精盐、黄酒、酱油、湿淀粉、葱段、生姜片、色拉油各适量。

制法：将猪肾对剖，去掉臊筋，洗净，再斜切成花块，放入碗中，加酱油、黄酒、精盐拌匀。金针菇去杂洗净，切段。炒锅上火，放油烧热，加入葱段、生姜片煸炒，放入腰花煸炒，炒熟入味，再加金针菇煸炒入味，用湿淀粉勾芡，起锅装盘即成。

功效：健脑益智，补肾强腰。

金针菇烩肚片

原料：鲜金针菇 100 克，鲜猪肚 500 克，精盐、黄酒、白糖、米粉、湿淀粉、色拉油、鲜汤各适量。

制法：将鲜金针菇去杂洗净。将猪肚洗净后切成片，放入锅中，加入黄酒煮 15 分钟，然后放在米粉中拌一拌（米粉内加入适量白糖、精盐），置油锅中炸至表面微黄捞出。锅中放鲜汤，再放入金针菇烧开，加入炸好的猪肚，烧沸后用湿淀粉勾芡即成。

功效：健脑益智，补益脾胃。

金针菇炖猪蹄

原料：金针菇 100 克，猪蹄 1 只，鲜汤、葱段、生姜片、黄酒、精盐、味精、白糖各适量。

制法：将猪蹄去毛洗净后，先入沸水中焯一下取出，再清洗 1 次，然后放入肉汤锅中煮沸，加入金针菇、黄酒、精盐、白糖、葱段、生姜片、味精等，改小火炖至猪蹄熟烂即成。

功效：补益筋骨，补气益血，通络下乳，益智健脑，润肤健美。

胡椒金针菇

原料：金针菇 500 克，香菜、胡萝卜、麻油各 20 克，南瓜 1 个，白胡椒粉、香醋、黄酒各 10 克，味精 2 克，精盐 3 克，生姜汁 8 克。

制法：将金针菇洗净切去根部，入开水锅焯熟，捞出沥干水分，加入白胡椒粉、味精、精盐、香醋、黄酒、麻油、生姜汁，拌匀放入大盘一侧。南瓜刻成群鹤图，消毒后放入盘子另一侧点缀上香菜、胡萝卜花即成。

功效：滋润肠胃，健脑益智，抗癌防癌。

金针菇蒸鳗鱼

原料：鳗鱼 1 条（重约 500 克），鲜金针菇 200 克，鸡蛋 2 只，精盐、黄酒、麻油各适量。

制法：将鲜金针菇洗净。鳗鱼去内脏洗净，放入沸水锅内焯一下，捞出洗净斩段。取炖盅 1 只，将鸡蛋打入，用筷子搅匀，加入金针菇，上面放鳗鱼，加入黄酒、精盐，注入适量清水，上笼蒸至鱼肉熟透，出笼淋上麻油即成。

功效：健脑益智，滋补强壮。

金针菇扣三丝

原料：鲜金针菇 150 克，熟竹笋、熟鸡肉、熟火腿各 100 克，鲜汤 400 克，色拉油 30 克，精盐、味精各适量。

制法：

（1）先将鲜金针菇去杂洗净，放入沸水锅中焯一下，捞出

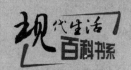

沥净水分，切成 6 厘米长的丝。

（2）再将熟竹笋、熟鸡肉、熟火腿分别切成 6 厘米长的丝，待用。

（3）取扣碗 1 只，将金针菇丝、熟竹笋丝、熟鸡肉丝、熟火腿丝分别整齐地排入扣碗中，加鲜汤 100 克、精盐 1.5 克和植物油 20 克，上笼蒸约 10 分钟。

（4）同时另用一锅上火，放入鲜汤 300 克，再将扣碗中的汤滗入锅中，烧沸，加精盐 1 克、味精 1 克、色拉油 10 克，再烧沸。先将金针菇和三丝扣入汤碗中，取出扣碗，将汤慢慢地倒入汤碗中即成。

功效：健脑益智，健美减肥。

口蘑烩牛脊髓

原料：熟白牛脊髓 150 克，水发口蘑 100 克，味精 2 克，淀粉 15 克，麻油、酱油、黄酒各 10 克，鲜汤 300 克，浸口蘑汤 50 克，精盐各适量。

制法：先将口蘑择洗干净，切成片，熟白牛脊髓切成段。再将口蘑片、牛脊髓段分别放入开水锅中焯透，捞出控去水。将汤锅置于火上，加入鲜汤、浸口蘑汤、味精、黄酒、酱油、精盐、牛脊髓段、口蘑片，待汤烧开时，撇去浮沫，用淀粉勾成流汁，淋上麻油，出锅盛入碗中即成。

功效：壮骨添髓，健脾养胃，健脑益智。

香菇烧淡菜

原料：水发香菇、笋片各 50 克，水发淡菜 300 克，精盐、黄酒、味精、酱油、湿淀粉、麻油、鲜汤各适量。

制法：将淡菜用温水洗净，放入碗内，加入鲜汤，然后上笼蒸透取出。炒锅上火，放油烧热，再放入鲜汤、黄酒、精盐、味精、酱油、香菇片、笋片、淡菜，烧入味后用湿淀粉勾芡，起锅装盘，佐餐食用。

功效：健脑益智，乌发养颜，健美肌肤，延缓衰老。

樱 桃 香 菇

原料：水发香菇 80 克，鲜樱桃 50 枚，豌豆苗 50 克，精盐、黄酒、味精、酱油、湿淀粉、白糖、色拉油、麻油、生姜汁各适量。

制法：将香菇、豌豆苗去杂洗净。炒锅上火，放油烧热，放入香菇煸炒，加生姜汁、黄酒拌匀，再加入酱油、白糖、精盐和水烧沸后，移至小火煨几分钟，再用旺火烧沸，加入豌豆苗，用湿淀粉勾芡，放入樱桃，点入味精推匀，淋上麻油，出锅装盘即成。

功效：防癌抗癌，健脑益智。

香 菇 蛏 干

原料：水发蛏、鸡肉各 250 克，水发香菇 25 克，精盐、黄酒、味精、酱油、湿淀粉、色拉油、鲜汤各适量。

制法：将蛏干去杂洗净，下沸水锅中焯一下，捞出，将其伸展，鸡肉剁成茸，抹在蛏干上，摆放盘内，上笼蒸透。炒锅上火，放油烧热，再放入鲜汤，下入蛏干、笋片、香菇片、黄酒、精盐、味精，烧沸后改为小火炖至蛏干入味，用湿淀粉勾芡，起锅装盘即成。

功效：健脑益智，清热除烦。

四、滋补食谱

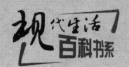

蘑菇烩兔丝

原料：兔肉 300 克，蘑菇 200 克，鸡蛋 1 只，精盐、酱油、黄酒、味精、白糖、胡椒粉、葱花、生姜丝、麻油、色拉油各适量。

制法：将蘑菇洗净切丝，兔肉洗净切丝，盛入碗中，加入鸡蛋清、湿淀粉、黄酒、酱油拌匀。锅烧热放油，至五成热时将兔肉丝下油锅推散炒熟，捞出沥油。原锅留适量底油，投入蘑菇丝、生姜丝煸透后，烹入黄酒，加入清水、精盐、味精、酱油、白糖、胡椒粉、麻油、兔肉，烧沸后用湿淀粉勾薄芡，加入适量麻油推匀，撒上葱花，盛入盘中即成。

功效：健脑益智，补中益气。

（五）补肝益肾类

干炒青头菌

原料：青头菌 600 克，里脊肉 100 克，青辣椒 50 克，鸡蛋清 1 个，精盐、味精、酱油、蒜瓣、蚕豆水粉、熟猪油各适量。

制法：

（1）青头菌削去根部的泥土，洗净切为小块。里脊肉洗净切片。青辣椒洗净，切为指甲片。蒜瓣切片。

（2）里脊肉片放入碗内，磕入鸡蛋清，放入蚕豆水粉拌匀上浆。

（3）炒锅置旺火上，锅烧热后注入熟猪油，待油烧至三成热时，将里脊肉放入锅内，用筷子拨动滑熟，捞起沥油。让油继续烧至五成热，放入青头菌滑至七成熟，起锅倒入漏勺内沥去余油。

（4）炒锅内留余油，先将蒜片放入微炸，再放入青辣椒炒熟，然后放入青头菌、里脊肉片、精盐、酱油煸炒入味，用蚕豆水粉勾芡，放入味精，浇入熟猪油推匀即成。

功效：菜中青头菌性味甘寒，内含丰富的蛋白质、钙、磷、铁、硫胺素等物质，具有清肝火、散内热、明目等功效。配以补肝肾、滋阴液的猪肉，常可作为肝肾阴虚、虚火上扰而致的两目昏花、视物不清以及肝火内热、头目眩晕等病症的辅助食疗菜肴食用。

青头菌炒鸡片

原料：鲜青头菌250克，鸡肉200克，黄酒、精盐、味精、酱油、葱花、姜片、湿淀粉、猪油各适量。

制法：将青头菌去杂洗净撕开，鸡肉洗净切片。油锅烧热，放入葱、姜煸香，投入鸡片煸炒，加入酱油、黄酒煸炒几下，加入精盐和适量水，炒至鸡肉熟，投入青头菌煸炒至入味，用湿淀粉勾芡，点入味精，推匀出锅即成。

功效：青头菌含有丰富的营养成分，对胆囊炎、传染性肝炎有一定疗效。鸡肉温中益气，补髓添精。两物相合成此菜，可用于治疗虚劳羸瘦、胃呆食少、崩漏泄泻、消渴水肿、小频数、传染性肝炎等病症。

青头菌炒肉丝

原料：鲜青头菌150克，猪瘦肉200克，笋片50克，黄酒、精盐、味精、酱油、葱花、姜片、湿淀粉各适量。

制法：锅烧热，投入肉丝煸炒至水干，烹入酱油、黄酒煸炒，加入精盐、葱、姜和适量水，煸炒几下，投入青头菌煸炒

至肉烂，用湿淀粉勾稀芡，点入味精推匀即成。

功效：青头菌与猪肉、笋片共组成此菜，可为人体提供丰富的蛋白质、脂肪、碳水化合物、维生素、矿物质等营养成分，具有补肝益血、清热消痰、利膈爽胃的功效。可作为咳嗽、烦渴、便秘、传染性肝炎等病患者辅助食疗菜。

银耳鸽蛋

原料：银耳6克，鸽蛋12个，核桃仁15克，白糖适量。

制法：

（1）将银耳在温水中泡1小时，洗净杂质，盛入碗内，加水上笼蒸1小时多。将鸽蛋放在冷水锅里煮成嫩鸽蛋，捞入冷水中浸泡去壳，放入碗里。另取1碗放入荸荠粉，加清水调成粉浆。核桃仁用温水浸泡半小时，剥皮，沥干水分，用油炸酥，切碎成米粒状。

（2）铝锅内加清水，滗入蒸银耳的汁，倒入荸荠粉浆，加白糖、核桃仁，搅匀成核桃稀糊，盛入汤碗内。

（3）将银耳放在核桃糊的周围，12个鸽蛋再镶在银耳的周围即成。

功效：此汤菜是以滋补强壮的银耳与补肾益气的鸽蛋及甘温而润滋补肝肾、强健筋骨、助卫阳纳气的核桃仁相配烹制而成。其功在滋阴润肺、补肝益肾，并兼有助阳纳气，为阴阳双补，调理性保健菜肴。对于人体气、血、阴、阳的不足所引起的虚劳均有调补作用。凡羸瘦、干咳、久咳、虚喘、气怯、食少、腰酸乏力以及津液亏耗的肠燥、便秘均可使用。凡素体阳盛或有内热者应慎用。

口蘑炒玉兰片

原料：水发口蘑 100 克，水发玉兰片 250 克，色拉油 50 克，黄酒 10 克，葱花、生姜丝各 5 克，精盐、素鲜汤、白醋、味精、白胡椒粉各适量。

制法：将水发冬笋切薄片，口蘑去根，大的片成两片，分别放在开水焯一下捞出备用。油锅上火烧热，先炸葱姜丝直至香味，再倒入玉兰片、口蘑、精盐、黄酒、白醋、味精、白胡椒粉，颠翻几下，加入素鲜汤，勾芡出锅即成。

功效：通利肠胃，化痰理气，补肝益肾，强身补虚。

素鱿鱼汤

原料：口蘑 20 克，玉兰片 10 克，香菜 5 克，绿豆粉芡 100 克，黄豆芽汤 1 000 克，麻油 10 克，酱油、味精、黄酒、胡椒粉、精盐各适量。

制法：将绿豆粉芡用水调成糊状，再加入适量的酱油、麻油、黄油、味精调匀。锅放火上，添开水适量，将芡糊倒入打成凉粉状，盛入盘内晾凉，切成 1.5 厘米宽、0.3 厘米厚、6 厘米长的片，即为"素鱿鱼"。锅放火上，放入黄豆芽汤，下味精、胡椒粉、黄酒、精盐、口蘑、玉兰片，汤烧沸撇去浮沫，放入素鱿鱼片，盛入海碗，撒上香菜即成。

功效：健脾益胃，补肝益肾。

香菇干贝粥

原料：水发香菇、净鸡肉、荸荠各 50 克，干贝、猪油各 25 克，黄酒 15 克，精盐、葱花、生姜末各 5 克，胡椒粉 2 克，粳米 100 克。

制法：先将干贝放入碗中，加入黄酒、鸡肉，上笼蒸至烂熟取下。再将香菇切成小丁，荸荠去皮切成小丁。粳米淘洗干净入锅，加入香菇丁、荸荠丁、清水1 500克以及干贝、鸡肉，置火上烧开，熬煮成粥，放入精盐、猪油、葱花、生姜末、胡椒粉稍煮拌匀即成。

功效：补肾益肝，清热解毒，化痰安神。

蘑菇猪腰

原料：鲜蘑菇100克，猪腰250克，鲜豌豆、冬笋各25克，黄酒、精盐、味精、酱油、湿淀粉、麻油、鲜汤各适量。

制法：先将蘑菇去根蒂，洗净后切成丁。冬笋洗净后切成丁。将猪腰洗净，然后在光滑的一面打"十"字直刀，切成丁，放入开水锅内焯至五成熟，捞出后用冷水冲凉，撇去血沫。炒锅上火，加入鲜汤、精盐、味精、酱油、黄酒、鲜豌豆、冬笋丁、蘑菇丁烧开，撇去浮沫，下湿淀粉勾芡，再放入腰丁，烧开，淋上麻油即成。

功效：补肾益精，健脾养胃。

素海参

原料：鲜蘑菇150克，黑芝麻100克，淀粉250克，素鲜汤750克，葱段、生姜丝、花椒、胡椒粉、精盐、色拉油、麻油各适量。

制法：先将黑芝麻研碎放在锅中加素鲜汤250克烧开，捞出渣待用。将淀粉加适量清水调和。慢慢倒入有芝麻水的锅中，快速搅匀，待成凉粉状时，倒入用黑芝麻渣铺底的盘子上，使之自然冷却成棕色晶体状，即为素海参。将素海参用刀切成海参片形。炒锅上火，放色拉油50克，烧热后将花椒、葱段、生姜丝放入油中炸出香味后，用漏勺捞出不用。在锅内放素鲜汤500克，加精盐、素海参、蘑菇烧开，加胡椒粉、味精，等入味后，用湿淀粉勾芡，淋上麻油即成。

功效：补益肝肾，健脾养胃。

平 菇 烧 卖

原料：鲜平菇1 000克，虾仁150克，精白面粉500克，葱花、生姜末、色拉油、麻油、精盐、味精各适量。

制法：先将平菇去根，洗净，放入开水中焯透，捞出用冷水冲凉后，控去水，切成小丁。虾仁洗净后切成小丁。将精白面粉放入盆内，加70℃适量热水和匀，做成若干个直径为6厘米有裙褶边的烧卖皮。炒锅上中火，放油烧热，下葱花、生姜末适量，煸出香味，加入平菇丁、虾仁丁煸炒片刻，盛入碗内，加精盐、味精、麻油，搅拌均匀即成馅子。在烧卖皮上放上1份馅，将皮四周向中心收拢，拢成花瓶口状，使馅露出一些，即做成生烧卖，上笼蒸10分钟即成。

功效：补气益肾。

（六）滋阴润燥类

口 蘑 肉

原料：水发口蘑100克，猪瘦肉250克，黄酒、精盐、味精、葱段、姜片、猪油、肉汤各适量。

制法：将水发口蘑去杂洗净。将猪肉洗净切块。炒锅中放油烧热，加葱姜煸香，放入肉块煸炒，烹入料酒，加入蘑菇、料酒、精盐、味精、肉汤，用旺火烧沸，改为小火炖至肉熟烂

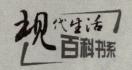

入味，出锅装入汤盘即成。

功效：此菜以补气益胃、理气化痰的口蘑配以补肾、润燥的猪肉，其功效重在补肾益精、滋肝养血、滋阴润燥。可作为病后、年老、产后肝肾精血虚弱，或阴血亏损以及阴津亏损等病症的辅助食疗菜肴食用。

木耳蛤蜊蛋汤

原料：蛤蜊250克，鸡蛋1个，水发木耳20克，清水笋片20克，黄酒、精盐、味精。

制法：

（1）锅中放清水烧滚，投入蛤蜊，滚至蛤壳张开捞出，取出蛤蜊肉，去内脏，洗净。锅中水澄清，滗入锅中待用。

（2）蛤蜊水倒入锅中，加入笋片、木耳、盐、味精、黄酒，烧至沸，放入蛤蜊肉，将鸡蛋打入碗中，搅匀倒入锅中，稍沸，调味，装入碗中即成。

功效：蛤蜊味咸、性冷，有滋阴利水，化痰软坚的作用，配滋阴强壮、活血止痛的木耳与养阴润燥、补血养心的鸡蛋等物，经烹制而成。其功重在滋补正气，并能利水，软坚散结。对脏腑阴盛所致的口渴干咳，以及水肿、瘰疬、瘿瘤等病均有一定的疗效。

宜忌：阴虚体弱、脾胃虚寒泄泻均不宜食用。

木 耳 炒 肉

原料：猪肉150克，水发木耳100克，酱油、盐、味精、花椒水、葱花、豆油、湿淀粉各适量。

制法：把木耳摘去硬根，洗净泥沙，把肉切木耳大小的薄片。炒勺内放油，烧热，放入肉片煸炒。再放入葱花、酱油、花椒水，随即下入木耳煸炒。出勺前，撒入精盐和味精后推匀，用湿淀粉勾芡，即可出勺装盘。

功效：此菜肴用补肾益精、滋肝养血、生津润燥的猪肉，配滋阴润燥、强壮健身的保健食品木耳。其功重在滋补。可治疗肾虚精亏、病后体弱、产后血虚，或热病伤阴、液干血枯等病症。

宜忌：有外感风邪者，不宜多食。

发菜扣蚝肉

原料：大干蚝250克，干发菜10克，五花猪肉300克，水发香菇25克，蚝油、酱油、味精、精盐、白糖、黄酒、湿淀粉、蒜茸、姜、葱、陈皮、胡椒粉、鸡油、猪油各适量。

制法：

（1）将发菜泡发洗净。干蚝先用温水洗净，后用沸水浸泡约2小时后取出，再用温水洗净蚝豉体内所含的沙质。将浸泡干蚝的水用净纱布过滤后下锅，加入干蚝、五花肉、发菜，滚烧半小时后取出，保留待用。随即将五花肉去皮，切成12至14块。

（2）烧热锅加入猪油、蒜茸、姜、葱、煸透后烹入黄酒，放入陈皮、原汤、蚝肉、五花肉、发菜、蚝油、酱油、白糖、香菇、味精、精盐、胡椒粉，待烧沸后用小火焖半小时捞出，先将发菜稍改几刀，放入扣碗底中心，然后分别将蚝、五花肉放入碗内，最后将原汤倒入碗内，上笼蒸1小时左右（以酥为止）取出，滗出原汤，扣碗覆在盆中，将原汤倒在锅中，待烧沸后用湿淀粉勾芡，淋入鸡油推匀，揭开扣碗，将芡汁浇在面上即成。

功效：蚝即牡蛎肉干，含丰富的蛋白质、脂肪、糖原、牛

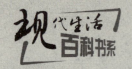

磺酸、维生素 A、维生素 B、维生素 C、维生素 D、维生素 E、磷、钙、锌等营养成分，牡蛎含锌特别丰富，具有滋补壮阳的功效。猪肉具有滋阴润燥、补中益气的功效。香菇具有益胃补气、降压、降脂、抗癌的功效。与发菜相配成此菜，具有滋阴壮阳、益胃补气的功效。可为人体提供丰富的营养成分，适用于身体虚弱、阴虚干咳、腰膝酸软、贫血等病症患者食用。健康人常食之，强壮身体，减少疾病。

地耳肉丁花生米

原料：鲜地耳 100 克，熟猪肉丁 50 克，油炸花生米 50 克，味精、酱油、麻油各适量。

制法：将鲜地耳去杂洗净，入沸水锅焯透，捞出沥干水，放入盘内，加入熟猪肉丁、花生米，再加入酱油、味精，淋上麻油，拌匀即成。

功效：此菜是由地耳、猪肉、花生米组成，含有丰富的营养成分。地耳清热、益气、明目，猪肉滋阴润燥、补肾阴，花生米润肺祛痰、和胃。地耳拌菜具有滋阴润肺、益气和胃的功效。适用于身体虚弱、干咳、脱肛等病症患者。

地 耳 烧 肉

原料：鲜地耳 200 克，猪肉 150 克，黄酒、精盐、味精、酱油、白糖、葱花、姜片各适量。

制法：将地耳去杂洗净。猪肉洗净切片。锅烧热，投入猪肉片煸炒至水干，加入葱、姜，烹入黄酒、酱油煸炒，加入少量水炒至肉熟透，加入精盐、白糖烧一会儿，放入地耳和适量水，烧至入味，点入味精即成。

功效：此菜由清热明目的地耳与滋阴润燥、补中益气的猪肉组成，具有补中益气的功效。适用于体倦乏力、脱肛、阴虚干咳、便秘等病症。此菜性寒不宜多食。

羊肚菌烧肉

原料：干羊肚菌 100 克，带皮五花肉 200 克，豌豆苗 50 克，鸡蛋清、蜂蜜、酱油、精盐、料酒、鸡汤、味精、胡椒粉、熟猪油、麻油、淀粉各适量。

制法：

（1）干羊肚菌用凉水泡发，然后洗净。将带皮五花肉切片，为 5 厘米厚、4 厘米长。豌豆苗拣洗干净。

（2）五花肉放入碗内，加入酱油、黄酒、蜂蜜拌匀腌 20 分钟，然后磕去蛋清，撒上干淀粉拌匀。

（3）炒锅内注入熟猪油，待油烧至五成热时，放入五花肉，用手勺推动炸成金黄色，捞起在漏勺内沥。炒锅内留油，将羊肚菌挤去水分放入煸炒，再放入精盐、酱油烧一会儿，注入鸡汤煮开，倒入五花肉移至文火上烧 20 分钟。汁水收至二成时将湿淀粉用少许水调开，点入味精、胡椒粉，下锅勾芡，颠锅几下，放入豌豆苗，起锅淋上麻油即成。

功效：此菜以羊肚菌配猪肉为原料熟制而成。菜中羊肚菌有补益、理气、化痰的作用。猪肉性味甘咸而平。具有补肾养血、滋阴润燥的作用，二物调配使用，功在补益。此外，猪肉古有多后易生痰动风之说，今用羊肚菌配猪肉，因羊肚菌有理气化痰的作用，可制猪肉生痰动风之弊。适用于肾虚精亏、病后体弱、产后血虚等病症。

宜忌：外感风邪者不宜使用。

鸡腿蘑肉丝面

原料：鲜鸡腿蘑 150 克，猪肉 100 克，黄酒、精盐、味精、酱油、葱花、姜丝、辣油、肉汤各适量。

制法：将鸡腿蘑去杂洗净切丝。猪肉洗净切丝。锅烧热，投入肉丝煸炒至水干，烹入酱油、黄酒煸炒，加入精盐、葱、姜、肉汤、鸡腿蘑烧至肉熟入味，点入味精，放上辣油，浇在盛熟面条的碗内，拌匀即成。

功效：鸡腿蘑肉丝面可为人体提供丰富的营养成分，具有益气健胃、滋阴润燥的功效。可作为乏力、体倦、阴虚干咳、口渴、便秘、痔疮等病患者的营养食疗菜肴食用。

银耳鸭蛋羹

原料：鸭蛋 1 个，银耳 10 克，冰糖适量。

制法：将银耳用温水泡发，去杂，洗净泥沙，放锅中加水煮一段时间。将鸭蛋打入碗中搅匀，倒入锅中煮沸，加冰糖稍煮，盛入碗中即成。

功效：银耳具有清肺生津、滋阴润肺的作用。鸭蛋性味甘凉，《医林纂要》称有"清肺、止热嗽"的作用，其营养成分较为丰富，能补虚益脏、滋阴清肺，与银耳相配食用，能治疗阴虚、肺燥等所引起的干咳、痰少、咽干痛等病症。亦可作病后体虚、滋养食疗的菜肴使用。

宜忌：鸭蛋偏寒，凡脾阳不足、寒湿下痢或食后脘中痞满者慎用。

珍珠银耳

原料：泡好银耳 50 克，鸡里脊肉 100 克，猪肥肉膘 25 克，鸡蛋清 1 个，熟火腿 15 克，水烫油菜 20 克，冬笋 15 克，黄酒、味精、精盐、鸡汤各适量。

制法：

（1）将银耳择洗干净。把火腿肉、油菜、冬笋切成小片。

（2）肥肉膘、鸡里脊肉切成片，用刀背砸成细泥，加鸡汤、鸡蛋清、味精、黄酒、精盐搅匀成稀粥状。把纸卷成牛角形纸筒，鸡泥装入筒里。盘内抹上猪油，将纸筒内的鸡泥一个个挤成珍珠形放入盘中。

（3）锅内注入鸡汤，烧开后将珍珠形鸡泥放入汤内，汤开时，再放入银耳、火腿、油菜、冬笋片余一下，捞在汤碗内。锅内加精盐、黄酒、味精，待汤开后撇净浮沫，加点明油盛在碗内即成。

功效：此汤菜以滋阴补肾、强壮的银耳，配温中补虚、益五脏的鸡肉、猪肉与清痰爽胃的竹笋烹制而成。其特点为补而不腻、清不伤正，具有补中益气、滋阴养胃、开胃消痰的作用。常治疗脾胃虚弱、四肢乏力、食欲不振、产后、年老体弱、气血不足等症。

银耳肺羹

原料：银耳 15 克，新鲜猪肺 1 副，黄酒、精盐、味精、葱、姜、胡椒面、鸡清汤各适量。

制法：

（1）银耳用温水泡，待涨开后，洗净泥沙去杂质。用开水余一次捞出，清水浸泡后蒸熟备用。

（2）把猪肺管套在自来水笼头上，冲尽肺叶中的血液，沥去水分。葱切段，姜拍破。

（3）把猪肺投入开水锅内余透捞出，洗净血沫。

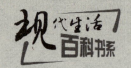

（4）大沙锅注入清水，放入葱、姜、黄酒、猪肺，大火烧开后，移至小火煮烂。将猪肺捞入冷水内，剔下气管和筋络，撕去老皮，切成蚕豆大的小块，放入碗内，用冷水浸泡。

（5）将肺块捞入大汤碗内，注入鸡清汤，上蒸笼蒸透取出。烧开余下清汤，加上黄酒、盐、胡椒面，把猪肺和银耳放入锅内，待汤烧开，放入味精即成。

功效：此羹用滋补润肺、补气强身、活血美容的银耳，与补肺止咳、养血的猪肺为主料烹制而成。具有滋阴润燥、止嗽止血作用，是较好的滋补菜肴，尤其适用于体质虚弱、肺虚咳嗽、咯血等气阴两虚症候。常人食用，可起到补气、滋阴、保肺的作用。

平菇炒鸡丁

原料：鲜平菇150克，鸡脯肉100克，熟火腿10克，鸡蛋1只，色拉油250克，精盐、味精、白糖、黄酒、葱段、生姜片、大蒜瓣、湿淀粉各适量。

制法：将平菇去根，洗净，放入沸水锅内焯透，捞出，再用清水冲凉，切成1.5厘米的丁块，放入碗内，加鸡蛋清、湿淀粉、精盐抓匀。熟火腿切成小象眼片。炒锅上旺火，放油烧至五成热，下鸡丁滑熟，出锅倒入漏勺沥油。取小碗1只，放精盐、味精、黄酒、白糖、湿淀粉、鲜汤各适量，兑成调味汁。炒锅复上火，放油烧热，下葱段、生姜片、蒜瓣爆香，下平菇煸炒片刻，放入火腿片、鸡丁炒匀，倒入调味汁，颠炒几下，出锅装盘即成。

功效：滋阴养血。

平菇香菜炒肉丝

原料：平菇 300 克，里脊肉 100 克，香菜 100 克，精盐、味精、胡椒粉、湿淀粉、色拉油、麻油各适量。

制法：将平菇去根，洗净，切成丝，入沸水锅中焯一下，捞出，用冷水过凉，挤干水备用。里脊肉洗净，切成丝。炒锅上火，放油烧至五成热，分别将平菇丝、肉丝下入，滑至入成熟时倒入漏勺中沥油。炒锅上火，留余油少许，倒入肉丝、平菇丝，加精盐、胡椒粉拌匀，再将香菜倒入炒匀，用湿淀粉勾芡，淋上麻油，撒入味精，将锅颠翻几下，出锅装盘即成。

功效：滋阴养血。

鸭包口蘑

原料：鸭子 1 只，水发口蘑 150 克，精盐、黄酒、味精、葱段、生姜块、花椒、大茴香、鲜汤各适量。

制法：将口蘑大者切成两半，装在净鸭膛内。将鸭子腹朝下摆在大碗内，再放入鲜汤、黄酒、味精、精盐、葱段、生姜块、花椒、大茴香，上笼蒸烂取出。将蒸好的鸭子汤倒在锅内，去掉葱段、生姜块、花椒、大茴香，再将锅内的汤调味，浇在碗内的鸭子上即成。

功效：利水消肿，滋阴补虚，解毒开胃。

口蘑烧茭白

原料：干口蘑 20 克，茭白 500 克，精盐 3 克，黄酒、葱、生姜、鸡油各 5 克，鲜汤 750 克，湿淀粉 10 克，色拉油 500 克，味精、白糖各适量。

制法：将茭白去杂洗净，切成 3 厘米长的段，然后切成均

匀的条。干口蘑用温水泡发后洗净切成片。葱切段，生姜切片。炒锅上旺火，放油留余油，下葱段、生姜片爆香，烹入鲜汤，加入黄酒、精盐、白糖，烧开后撇净浮沫，捞去葱姜，放入口蘑片、茭白条和味精，烧透，用湿淀粉勾芡，淋上鸡油，起锅装盘即成。

功效：清热除烦，滋阴润燥，通利肠胃。

绿叶口蘑汤

原料：水发口蘑 200 克，熟绿叶菜 20 克，浸口蘑汤 250 克，精盐 3 克，鲜汤 500 克，生姜片 5 克，色拉油 40 克，味精 1 克，黄酒 5 克。

制法：将口蘑洗净去沙，切去老根，切片。用盖碗一只，放入浸口蘑汤 250 克，鲜汤 500 克，再下入口蘑片，加入植物油、精盐、生姜片、黄酒、味精，炖半小时左右，再投入熟绿叶菜，然后倒入大汤碗内即成。

功效：健脾开胃，滋阴和中。

菊 花 口 蘑

原料：口蘑 35 克，豆腐 200 克，鸡蛋 1 只，鲜青菜丝 20 克，鸡蛋皮丝、火腿丝、玉兰片丝各 15 克，淀粉、精盐、味精、胡椒粉、鲜汤各适量。

制法：先将豆腐、鸡蛋、胡椒粉、味精、精盐等制成糊。再将口蘑洗净，用水泡发（浸泡的水留下备用）。然后取出口蘑用精盐搓揉，洗去泥沙，切成薄片，抹上淀粉细末，涂上糊后置于小碟中。将鸡蛋皮丝、鲜青菜丝、火腿丝、玉兰片丝铺于糊上，做成菊花形，放入笼，入蒸熟，取出小碟移装碗内，再用留下的浸泡口蘑水加鲜汤烧开，浇入碗内即成。

功效：益气和中，滋阴润燥，清热解毒。

香菇海参包

原料：水发香菇、水发海参、猪肉各 150 克，熟鸡肉、火腿肉、玉兰片各 25 克，面粉 1 000 克，面肥 250 克，酱油、味精、精盐、花椒粉、碱水、生姜末、葱花、海米、麻油各适量。

制法：将香菇、海参、玉兰片洗后均切成丁。熟鸡肉、火腿肉也切成丁。猪肉洗后剁成茸。以上各料及海米共入盆内，加酱油、麻油、花椒粉、精盐、味精、葱花、生姜末、麻油搅拌成馅。面粉内加碱水、面肥、温水和成发酵面团，待面团发酵后搓成 3 厘米粗的长条，按常规做包子，将包子放入蒸笼内，用旺火蒸约 10 分钟即成。

功效：滋阴壮阳，益精补肾，养血润燥，健脾益胃，益气助食。

香菇煨海参

原料：香菇 25 克，黑木耳 15 克，海参 100 克，生姜丝、蒜茸各 10 克，色拉油、精盐、酱油、味精各适量。

制法：将香菇、黑木耳温水发后撕成碎片。海参用温水浸泡数小时，剖洗切片。炒锅上火，放油烧热，下海参炒片刻，放入酱油、蒜茸、生姜丝、精盐适量，翻炒数分钟，加入香菇、黑木耳和清水适量，盖上锅盖慢火煨至海参、香菇、黑木耳熟烂后，入味精调味即成。

功效：滋阴补肾，强身抗癌。

清 蒸 香 菇

原料：干香菇 100 克，黄豆芽汤、生姜片、黄酒、色拉油、

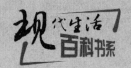

精盐、白糖各适量。

制法：将香菇用温水浸泡后剪去蒂，洗净后菇面向上整齐地码在大汤碗内。炒锅上旺火，将黄豆芽汤和澄清的浸香菇原汁倒入锅内，加精盐、白糖、黄酒、生姜片，烧开后撇去浮沫，倒入碗内，放油，加盖，入笼用旺火蒸约 20 分钟，出笼拣去生姜片，放味精调和后即成。

功效：益气补虚，健脾养胃。

双冬蒲棒肉

原料：水发香菇、冬笋各 100 克，猪瘦肉 500 克，蒜苗 12 根，精盐 3 克，胡椒粉、味精各 2 克，葱姜汁 50 克，黄酒、酱油各 10 克，色拉油 1 000 克，鸡蛋清 50 克，湿淀粉 15 克。

制法：先将猪肉切成片，改切丝后再切成粒。冬笋、香菇分别切米粒大小，蒜苗洗净去根。将切好的猪肉、冬笋、香菇同放小盘中，加精盐、黄酒、胡椒粉、味精、葱姜汁、酱油、鸡蛋清、湿淀粉拌均匀，分成 12 等份，加工成蒲棒形，用 12 根竹签分别穿好，成蒲棒肉生坯。炒锅上火，加入色拉油，烧至六成热时，下入蒲棒肉生坯，小火炸约 3 分钟，直至熟透、呈金黄色时捞起，分别插入蒜苗里，整齐地摆入盘中即成。

功效：滋阴润燥，健脾和胃，抗癌益寿。

香菇鱿鱼汤

原料：水发香菇 50 克，水发鱿鱼 100 克，虾仁、肉末各 20 克，冬笋片 30 克，精盐、白糖、黄酒、胡椒粉、味精、湿淀粉、葱花、色拉油、麻油各适量。

制法：先将水发鱿鱼洗净切成斜方块，放在开水中焯一下，捞起沥干。香菇去蒂，洗净切片。炒锅上火，放油烧热，放入葱花、肉末、冬笋片、香菇片煸炒，注入清水，然后加入浸泡过的虾仁及黄酒、精盐、白糖，煮开后放入鱿鱼片，片刻后用湿淀粉勾薄芡，加入味精、胡椒粉，淋上麻油即成。

功效：滋阴养血，生津润燥。

香菇羊肉片

原料：羊肉 100 克，番茄 200 克，葱花、生姜末、麻油各 3 克，白糖 5 克，味精 1 克，精盐 2 克，酱油、湿淀粉各 10 克，色拉油 30 克。

制法：将羊肉洗净，切成薄片。番茄 200 克洗净，用开水烫一下撕去外皮，切成薄橘子瓣形的厚片。炒锅上火，放油烧热，用葱花、生姜末炝锅，放肉片炒至肉变色时，放入番茄，再翻炒几下，加入酱油、白糖、味精、精盐，待烧至汁开时，用湿粉勾芡，淋上麻油，翻炒均匀即成。

香菇炒菠菜

原料：香菇 25 克，菠菜 250 克，生姜末、色拉油、精盐各适量。

制法：将香菇放入温水中浸泡，去蒂洗净，挤干水分，切成厚片，泡香菇汁澄清留用。菠菜摘净黄叶、根，洗净后切成段。炒锅上火，放油烧热，下生姜末爆香，倒入香菇煸炒，放菠菜、精盐、泡香菇原汁适量，炒至入味即成。

功效：补虚养血，敛阴润燥。

香 菇 嫩 鸭

原料：水发香菇 150 克，嫩鸭 1 只，色拉油 500 克，精盐、大茴香、花椒、葱头、生姜、黄酒、麻油、胡椒粉、酱油各

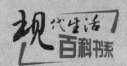

适量。

制法：将香菇洗净，挤干水分。鸭宰杀后去毛及内脏，漂洗干净，沥去水分，盛入盆内，放黄酒、精盐、生姜、葱拌匀，腌20分钟。炒锅上中火，放油烧至六成热，下鸭炸成金黄色，盛于盆内，加大茴香、花椒、葱姜、水适量，上笼蒸30分钟。出鸭放在凹盘中备用。炒锅上中火，放油烧热，下香菇煸炒，炒香后加入鲜汤，再将蒸鸭子的汤倒入，加酱油、白糖、味精、精盐、胡椒粉炒匀，烧开几沸后，用湿淀粉勾芡，淋上麻油拌匀，浇在鸭子上即成。

功效：滋阴养胃，利水消肿。

香菇炒黑鱼片

原料：水发香菇100克，黑鱼肉250克，熟火腿25克，胡萝卜、青笋各50克，鸡蛋1只，精盐、味精、胡椒粉、醋、葱花、生姜末、蒜茸、色拉油、麻油、湿淀粉适量。

制法：将香菇洗净，去根蒂，切片。青笋、胡萝卜洗净去皮的分别切成马眼片。熟火腿切片。黑鱼肉洗净后切为薄片，放入碗内，加蛋清、精盐、味精、胡椒粉、湿淀粉拌匀。在小碗内放醋、味精、精盐、胡椒粉、湿淀粉、麻油，加清水适量兑成汁水。炒锅上旺火，放油烧至四成热，将鱼片滑入，熟后倒入漏勺中，再在锅中放油适量，将蒜茸、葱花、生姜末下入炒香，再下香菇炒香，然后下青笋片、胡萝卜片、火腿片炒透，接着将黑鱼片倒入拌匀，浇上兑好的汁水，炒匀即成。

功效：滋阴壮阳，养心益肾，补气益胃。

蘑菇蛋饼

原料：鲜蘑菇300克，鸡蛋1 000克，葱头50克，黄油

100 克，奶油 150 克，色拉油 250 克，精盐适量。

制法：将葱头洗净，剥去外皮，切成丝，用黄油炒至微黄时，放入洗净的鲜蘑菇片炒透，然后放入奶油搅匀，微沸后加适量精盐，调好味成鲜蘑馅，将鸡蛋磕入盆内，用筷子打匀，放精盐调匀成蛋液。煎盘上火，放油烧热，倒入鸡蛋液，摊成圆饼，待其将凝结时，在其中央放上蘑菇馅，煎成金黄色的蛋饼，出锅装盘即成。

功效：滋阴润燥，补益肠胃。

鲜 蘑 豆 腐

原料：鲜蘑 100 克，豆腐 200 克，酱油 15 克，葱花 5 克，生姜 1 克，麻油 2 克，白糖 10 克，味精 1 克，鲜汤 50 克，黄酒 2 克，湿淀粉 20 克，色拉油 500 克。

制法：将豆腐切成 1.5 厘米的方块，鲜蘑洗净切成片，葱、生姜切成末。炒锅上火放油，烧至六成热，将豆腐块下锅炸成金黄色捞出，控净油。原锅留少量底油，烧至七成热，下葱花、生姜末炝锅，随即放入鲜蘑煸炒，再加酱油、味精黄酒、白糖和鲜汤，烧开后放入炸好的豆腐块，烧焖 5 分钟，用湿淀粉勾芡，淋上麻油，出锅即成。

功效：补气益胃，清热生津。

炸 蘑 菇

原料：蘑菇 200 克，鸡蛋 2 只，面粉 100 克，鲜汤 150 克，色拉油 500 克，生姜、精盐、味精、黄酒、麻油各适量。

制法：将蘑菇洗净后放入沸水锅中略焯，捞出沥干水。炒锅上火，放油适量烧热，下生姜片炸香，烹入黄酒、鲜汤，下蘑菇、精盐、味精，烧沸至汤稠，起锅沥汁水，稍晾。取 1 只

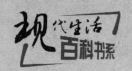

大碗，打入鸡蛋，放油 30 克、精盐适量，用筷子打匀，放入面粉和清水适量，调成鸡蛋糊，倒入蘑菇。炒锅上旺火，放油烧至六成热时，将蘑菇逐个裹上蛋糊入油锅炸至黄色，捞出，沥干油后装入平盘内，淋上麻油即成。

功效：补益肠胃，滋阴润燥。

草菇炖甲鱼

原料：鲜草菇 100 克，活甲鱼、鲜汤各 500 克，冬笋片 50 克，葱段、生姜片、黄酒、精盐、味精、麻油各适量。

制法：将草菇去蒂洗净，切成 3 厘米见方的块。将甲鱼切去头爪，去净血水后，从腹部开"十"字刀口挖出内脏，洗净后放入开水锅内略烫一下，捞出，然后用刀刮去黑膜，洗净后切成八大块，放入开水锅内煮 10 分钟，撇去浮沫后，捞出，再用清水反复漂洗，直至除去腥味。将草菇块、甲鱼块、冬笋片共放入钵内。炒锅烧热，加鲜汤、黄酒、葱段、生姜片、精盐、味精，烧开后撇去浮沫，倒入装甲鱼的钵内，放进蒸笼里蒸约 60 分钟，拣去葱、姜，淋上麻油即成。

功效：滋阴强身，补虚健体。

草菇炖兔肉

原料：草菇、净兔肉各 500 克，红辣椒 100 克，酱油、黄酒、精盐、葱、生姜、大茴香、麻油、鲜汤各适量。

制法：先将草菇去杂洗净，切成厚片，放入沸水中焯透，捞出入冷水中过凉，沥净水。将兔肉洗净切成块，放入沸水中煮 3 分钟，捞出，沥干水。红辣椒洗净后切丝，将锅上中火，放麻油烧热，下葱段、生姜片、红辣椒丝，煸炒出香味，放入兔肉，煸炒片刻后烹入黄酒、酱油，加入鲜汤、味精、精盐、大茴香，烧沸后转小火炖煮至八成熟，拣出葱、生姜、大茴香，加入草菇块，炖至兔肉熟烂即成。

功效：滋阴凉血，健脾益气，防癌抗癌。

（七）补肾壮阳类

木耳泥鳅汤

原料：泥鳅 200 克，水发木耳 20 克，水发笋片 50 克，黄酒、精盐、葱段、姜片、猪油各适量。

制法：用热水洗去泥鳅黏液，剖腹去内脏，用油稍煎。锅中注入适量清水，加入泥鳅、黄酒、盐、葱、姜、木耳、笋片，煮至肉熟烂即成。

功效：此汤菜为泥鳅鱼配木耳而成。木耳具有益气强身的作用，被称为高级天然滋补品。泥鳅肉质细嫩，营养极高，内含丰富的蛋白质、脂肪、无机盐及多种维生素，其性味甘平。能温中益气，祛风利湿，解表、壮阳、利尿、收痔的多种功效。两物相配食用，重在补益强壮。常用于营养不良性水肿，急慢性肝炎，肾阳虚弱所致的阳痿、早泄以及痔疮等症。

木耳炝腰花

原料：猪腰 400 克，水发木耳 30 克，黄瓜片 50 克，猪油、黄酒、精盐、白糖、酱油、姜末、葱花、花椒、麻油各适量。

制法：

（1）将猪腰撕去外皮，用刀一剖两片，去掉臊筋，用水反复洗净，在外皮一面剞上刀纹，然后切长块。水发木耳洗净。

（2）将腰花、黄瓜片放入沸水锅中焯透，捞出，将腰花放入

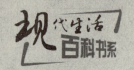

水中过凉，用布挤干，与黄瓜、木耳放在1个盘内。用酱油、黄酒、姜末、味精对成料汁。将麻油烧热后，放入花椒、炸出香味时，捞出花椒，将油倒入料汁内，再把料汁浇在腰花上即成。

功效：猪腰性味咸平，具有补肾育阴、利水等作用，配滋补强壮的木耳，可治疗久病体弱、肾虚腰脊疼痛、水肿、遗精、盗汗等病症。常人食之可壮腰健胃，是很好的食疗菜肴。

地耳炒韭菜

原料：鲜地耳100克，韭菜250克，精盐、味精、色拉油各适量。

制法：

（1）将地耳去杂洗净，沥干水。锅烧热放油，油热投入地耳煸炒，加入适量盐炒至入味，出锅待用。

（2）将韭菜去杂洗净，沥水切段。锅烧热放油，油热投入韭菜煸炒，加入精盐和适量水，炒至入味，倒入地耳煸炒均匀，出锅装盘即成。

功效：韭菜具有活血散瘀、理气降逆、温肾壮阳的功效。地耳具有清热、明目、益气的功效。二者组成此菜具有益气、补肝肾的功效，对于脱肛、子宫脱垂、阳痿遗精、白带等病症有一定疗效。

地耳包子

原料：鲜地耳200克，韭菜200克，猪肉200克，面粉600克，精盐、味精、姜末、酱油各适量。

制法：

（1）将鲜地耳去杂洗净，沥水斩茸。韭菜去杂洗净沥水切碎，猪肉洗净斩茸。三者同放入盆内，加入精盐、味精、姜末、酱油调成馅。

（2）将面粉加水和发酵粉，和匀发酵，放在案板上揉匀，搓成长条，切为一个个面剂，擀成包子皮，包成一个个包子。放入蒸笼内蒸熟即成。

功效：地耳包子具有滋阴、润肺、益气、补肾的功效。对于脾胃虚弱、阳痿、遗精、气虚脱肛、阴虚干咳等症有一定疗效。

宜忌：地耳性寒不宜久食。

鸡腿蘑炖鸡汤

原料：鲜鸡腿蘑 200 克，鸡肉 100 克，青菜叶 50 克，黄酒、精盐、味精、葱花、姜片、鸡汤各适量。

制法：将鸡腿蘑去杂洗净切丝。鸡肉洗净切丝。青菜叶洗净切段。锅内注入鸡汤，加入鸡丝、黄酒、味精、葱美、鸡腿蘑，烧至鸡丝熟，加入青菜叶烧至入味即成。

功效：此汤由鸡腿蘑丝和鸡肉丝组成，含有丰富的营养成分，具有补益脾胃、补肾填精的功效。可作为食少纳呆、乏力、四肢无力、胃脘隐痛、小便频数、便秘、痔疮等病症患者的辅助食疗菜肴。

海米紫菜蛋汤

原料：海米 15 克，紫菜 25 克，鸡蛋 2 个，精盐、味精、葱花、麻油各适量。

制法：将海米、紫菜分别泡发，去杂洗净。鸡蛋磕入碗内搅匀。锅内放适量清水烧沸，加入虾米、紫菜烧段时间，投入精盐、味精、葱花调味，倒入鸡蛋成蛋花，淋入麻油即可出锅。

功效：此菜由紫菜与润肺利咽、清热解毒、养血熄风、滋

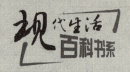

阴润燥的鸡蛋和补肾壮阳的虾米组成。具有润肺化痰、软坚散结、补肾壮阳的功效。适用于甲状腺肿、水肿、慢性支气管炎、阴虚咳嗽、咽喉肿痛、脚气、高血压等病症。健康人食用更能益智健脑，精力充沛，健美明目，强身少病。

金针菇三鲜春卷

原料：金针菇 250 克，猪瘦肉 200 克，鲜虾仁 100 克，冬笋 100 克，春卷皮 24 张，精盐、胡椒粉、色拉油各适量。

制法：

（1）将金针菇洗净，切段；猪肉、冬笋洗净，切丝；虾仁洗净。金针菇、笋、肉、虾仁一起下油锅煸炒，加精盐、胡椒粉炒至八成熟成馅，出锅待用。

（2）把馅包入春卷皮，做成圆筒形，入油锅炸至金黄即可食用。

功效：猪肉滋阴润燥、补中益气。虾仁补肾壮阳，通乳。冬笋清热消痰、利膈爽胃。面皮补脾胃。三者与金针菇共制成春卷，含有丰富的营养成分，具有滋阴润燥、补肾壮阳的功效。有很好的补益作用。常人食之，健康少病。

银耳莲子蛋汤

原料：银耳 6 克，淮山药 20 克，莲子 10 克，鸡蛋 2 个，冰糖适量。

制法：

（1）将莲子放在碗中用水泡好，去皮去莲心。将银耳放碗中，用温水泡软，待其涨发后去掉杂物洗净，撕成小块。淮山药润透切片。

（2）将莲子、银耳、淮山药放入锅内，加入适量清水煎煮至莲子、银耳熟烂。打入鸡蛋煮熟。放入冰糖适量即成。

功效：此菜以滋阴生津、强身健体的银耳与健脾益气、补肺固肾的淮山药和补中养神、止泻固精的莲子相合，配以鸡蛋而成。其功效为补中益气，滋肺固肾。适用于脾肾两虚、脾肺两虚的咳嗽泄泻。对于男子遗精、早泄、妇人带下过多尤为适宜。常人食之能强身体，是老幼皆宜的营养保健汤肴。

猴头虾仁

原料：水发猴头菇300克，虾仁250克，鸡茸100克，青豆30克，鸡蛋1只，色拉油300克，番茄酱、干淀粉、黄酒、生姜汁、精盐、鲜汤、葱段各适量。

制法：

（1）将猴头菇洗净，剪去老根，挤干水，顺毛批切成大片，放入锅中，加鲜汤（250克），精盐适量烧入味，取出，控去汤汁。

（2）鸡茸放入碗内，加鲜汤、生姜汁搅成糊，逐一抹在猴头菇片上，放入盘内，上笼蒸熟取出，围在平盘的四周。

（3）虾仁用清水洗净后放入碗内，加鸡蛋清、干淀粉、精盐抓匀。

（4）炒锅上旺火烧热，放油烧至五成热，倒入虾仁滑熟，出锅倒入漏勺沥去油。炒锅复上火，放油烧热，下葱炸香，烹入黄酒，放番茄酱、青豆翻炒片刻，倒入虾仁炒匀，淋上明油，出锅装在平盘中间即成。

功效：补肾壮阳。

猴头蹄筋

原料：水发猴头菇300克，猪蹄筋100克，冬笋片50克，

火腿 25 克，海米 15 克，色拉油、白糖、生姜片、葱片、精盐、味精、酱油、鲜汤、湿淀粉各适量。

制法：先将水发猴头菇洗净，剪去老根，放入沸水中略焯一会儿，捞出，挤干水，顺毛批成片。猪蹄筋用温水浸泡至软后，放入沸水锅中焯透，捞出，控去水。将火腿切片。炒锅上旺火，放油烧热，下生姜片、葱片、冬笋片、海米翻炒片刻，倒入猴头菇片、猪蹄筋、火腿片，加黄酒、精盐、酱油、白糖、鲜汤烧沸，改用小火，盖上盖，烧至汤浓入味时，开盖，放入味精，用湿淀粉勾芡，改旺火烧沸，出锅装盘即成。

功效：健脾益胃，补肾强精。

虾茸竹荪

原料：水发竹荪 150 克，净虾仁 100 克，鸡蛋 3 只，熟火腿 25 克，黄酒、面粉、湿淀粉、葱姜汁、色拉油、精盐、米醋、味精、鲜汤各适量。

制法：

（1）先将竹荪洗净，剪去根部，挤干水，放入锅内，加鲜汤 250 克，再加精盐、味精，煮至竹荪入味，取出，沥净汤汁，切成 6 厘米的长段备用。

（2）火腿切成细丝。虾仁洗净，剁成茸，放入碗内，加鸡蛋清、湿淀粉、精盐、味精拌匀成馅。

（3）炒锅上旺火，倒入清水烧沸，竹荪粘上面粉，放上虾馅，下入沸水中焯熟，捞出，放入冷水中过凉，取出，整齐地码在盘内。

（4）炒锅上中火，放油烧热，用葱姜汁炝锅，放入鲜汤、黄酒、火腿丝、精盐、味精、米醋，放入虾茸竹荪烧入味，用湿淀粉勾芡，淋上明油，翻炒几下即成。

功效：补肾壮阳。

红烧口蘑羊腰子

原料：羊腰子400克，口蘑50克，色拉油500克，麻油20克，味精2克，黄酒、酱油各10克，湿淀粉15克，鲜汤250克，精盐各适量。

制法：先将口蘑用开水泡发（汤澄清后留用），洗净，然后切成块。羊腰子剥去油，一切两半，片去腰臊，再切成厚片。炒锅上火，加油烧热，下入羊腰子片稍炸，捞出后，与口蘑一起，投入开水锅中焯一下，捞出控去水。炒锅上火，加入鲜汤，待汤烧开后，用小火烧入味，收浓汤汁，用湿淀粉勾芡，淋上麻油，出锅盛入盘中即成。

功效：补肾壮阳，健脾养胃。

香菇海参羹

原料：水发香菇50克，水发海参100克，冬笋片20克，火腿肉10克，麻油5克，黄酒、味精、葱花、生姜末、精盐、鲜汤、胡椒粉各适量。

制法：将海参切丁，香菇和冬笋切碎，炒锅上火，放油烧热，放入葱花、生姜末，爆焦，倒入鲜汤，然后加入海参、香菇、冬笋、精盐、黄酒、味精等，煮沸勾芡，倒入火腿末，撒上胡椒粉，淋上麻油即成。

功效：补肾壮阳，益气滋阴，通肠润燥。

香菇蒸鳝鱼

原料：水发香菇75克，活鳝鱼500克，熟火腿、猪板油各10克，玉兰片40克，葱白、豌豆苗、黄酒、精盐、味精、淀

粉、鲜汤各适量。

制法：先将鳝鱼去头、骨、内脏，洗去污血，放入沸水锅中焯一下，清水漂洗干净，切成段，背面剞十字花刀，摆在盘中。再将葱白切段，香菇、玉兰片、火腿均切成片，猪板油切成小丁，撒在鳝鱼上，加入鲜汤、精盐、黄酒、味精，上笼蒸约15分钟，取出，将原汤滗入锅中，加鲜汤勾芡，浇在鳝鱼身上，撒豌豆苗作点缀即成。

功效：滋补壮阳，养血通络。

香菇虾仁

原料：水发香菇、鲜虾仁各150克，猪肥膘100克，鸡汤、黄酒、精盐、鸡蛋清、葱姜汁、熟蟹黄、香菜叶、淀粉、熟猪油各适量。

制法：将水发香菇剪去蒂，用清水洗净，挤干水，入沸水中焯透，捞出，挤去水。蟹黄切成细末。虾仁、猪肥膘洗净后分别剁成茸，放入碗内，加黄酒、葱姜汁、鸡蛋清、精盐、干淀粉各适量搅匀成虾馅料。在香菇的表面层撒上干淀粉适量，然后把虾馅料抹在每个香菇上，并用手指抹圆抹光，嵌上蟹黄末和一片香菜叶，放入平盘内，上笼蒸熟取出，摆成花形。炒锅上火，放入熟猪油、鸡汤烧沸，用湿淀粉勾芡，出锅浇在香菇上即成。

功效：滋阴壮阳，补气益胃。

鸭蛋黄蒸香菇

原料：香菇、虾仁各50克，咸鸭蛋黄、鸡脯肉各100克，豆腐200克，熟火腿片15克，鸡蛋1只，青豆10克，干淀粉、湿淀粉、精盐、鸡油、鲜汤、葱姜汁、黄酒、味精各适量。

制法：将香菇用温水浸泡透软，去蒂洗净，挤干水，备用。鸡脯肉、虾仁用水洗净，分别剁成茸。豆腐压成泥。将腐泥、干淀粉，搅拌均匀成馅料。在香菇上撒一层干淀粉，然后逐一在香菇上均匀地抹上馅料，装入平盘，然后用熟火腿片、咸鸭蛋黄碎末点缀后，入笼蒸熟取出。炒锅上火，倒入鲜汤适量，放精盐、青豆、味精烧沸，用湿淀粉勾芡，再淋入鸡油，出锅浇在香菇上即成。

功效：滋阴壮阳，健脾养胃。

香菇腰片汤

原料：水发香菇、火腿各 50 克，猪腰子 4 只，嫩豆苗 12 朵，精盐 5 克，味精 4 克，黄酒 15 克，鲜汤、香油、胡椒粉各适量。

制法：将猪腰子洗净，去外薄膜，一剖两半，剔去腰臊腺，顶头片成薄片。水发香菇洗净，切成宽薄片。火腿洗净切成薄片。锅烧热，加入鲜汤、香菇、火腿，大火烧滚，腰片下锅，烧开后，撇去浮沫，加入精盐、味精、黄酒、嫩豆苗，滚开后起锅装汤碗，滴上香油，撒上胡椒粉少许即成。

功效：补肾壮腰，益气补虚。

鲜蘑丝瓜

原料：罐头蘑菇 100 克，青嫩丝瓜 1 000 克，精盐 3 克，味精 2 克，湿淀粉 10 克，麻油 5 克，色拉油 500 克。

制法：选大拇指粗的细丝瓜，刮净外皮，洗净切成 6 厘米长的须。蘑菇切成片。炒锅上火，加入植物油，烧至六成热时下丝瓜滑油，出锅沥油。热锅留余油适量，下入蘑菇片煸炒一下，将丝瓜段、蘑菇片用笊篱捞出，装入盘内。将锅里卤汁用

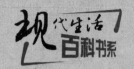

湿淀粉勾上米汤状薄芡，淋入麻油，浇在菜盘内即成。

功效：清凉泻火，补脾益气。

蘑菇青菜心

原料：蘑菇350克，青菜心500克，色拉油500克，鲜汤300克，精盐、白糖各3克，味精、黄酒各2克，湿淀粉20克，麻油10克。

制法：将青菜心洗净，菜心头部削尖，再从菜心尖部劈十字刀口，深度为菜心的1/5。炒锅上火，放油烧至五成热，投入菜心，用勺不停地翻动，至菜心软熟，倒入漏勺内，控净油。原锅上火，依次加入鲜汤100克、炸好的菜心、精盐1克、味精1克、白糖，翻炒片刻，将菜心取出，整齐地码放在圆盘中。炒锅再上火，加入鲜汤200克，以及蘑菇、黄酒、精盐2克、味精1克，烧开后用湿淀粉勾芡，淋上麻油，搅匀后出锅，盛在菜心中央即成。

功效：清肺止咳，健脾利肠。

鲜蘑炒虾仁

原料：鲜蘑菇150克，明虾500克，鸡蛋1只，色拉油30克，黄酒、葱花、生姜末、精盐、味精、干淀粉各适量。

制法：先将蘑菇洗净后，去根蒂，切成片。明虾去亮，剔去脊背沙肠成净虾仁，洗净后沥干水，放入碗内，加鸡蛋清、精盐、干淀粉上浆。炒锅上旺火，放油烧至六成热，投入葱花、生姜末炸香，倒入蘑菇片煸炒，加黄酒、精盐、味精，倒入虾仁，翻炒几下即成。

功效：补肾壮阳，益气提神。

虾圆蘑菇汤

原料：鲜蘑菇250克，虾仁150克，绿菜叶、黄酒、精盐、味精、鲜汤各适量。

制法：将蘑菇洗净，入沸水锅中焯透后捞出沥净水，切成小丁。虾仁洗净，用刀排剁成虾茸，放入碗内，加清水少许、黄酒、精盐搅匀成虾馅料。在炒锅内放入大半锅清水，将虾馅挤成虾圆放入锅内，用小火使虾圆慢慢煮熟，然后用漏勺捞出虾圆。炒锅上火，倒入鲜汤1 000克，下蘑菇丁、黄酒、精盐、绿菜叶、味精烧沸，再下虾圆，待汤再沸时盛入大汤碗即成。

功效：补肾壮阳，健脾养胃。

草菇冬笋包

原料：鲜草菇300克，罐头冬笋、猪瘦肉各250克，精白面粉500克，葱、生姜、酱油、精盐、味精、麻油、面肥、碱水各适量。

制法：先将鲜草菇择洗干净，去蒂，放入沸水锅中焯透，捞入冷水中过凉，沥净水，切成小丁。将猪瘦肉、冬笋片洗净，切成相应的小丁。将面肥150克放入盆内，加200克温水，调成面肥汤。在面粉内倒入面肥汤和匀，揉至软滑滋润，用湿布盖好，放在20～25℃处，待面发酵后，对入碱水，揉至碱性均匀、无黄斑，然后将面粉搓成条，揪成若干个面剂，擀成直径约10厘米的圆皮。将草菇丁、瘦肉丁、冬笋丁、葱花、生姜末均匀放入盆中，加入味精、精盐、酱油，拌匀即成包子馅。将馅放入包子皮中间，做成三丁大包。将包子放入笼，先用小火蒸3分钟，再转大火蒸10分钟即成。

功效：滋阴润燥，补肾壮阳。

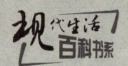

平菇豆腐虾仁

原料：平菇 250 克，豆腐 500 克，虾仁 50 克，鲜汤 200 克，黄酒 15 克，精盐、葱段、生姜片各 3 克，味精 1 克，色拉油 35 克，麻油 5 克。

制法：将平菇洗净切成块，放入沸水焯透，捞出放入冷水中浸凉，再捞出沥净水。鲜虾仁洗净。炒锅上旺火，放油烧至六成热，投入葱段、生姜片，煸炒出香味，加入虾仁，烹入黄酒，加味精、精盐、鲜汤、平菇、豆腐块，烧开后转小火烧入味，淋上麻油，装盘即成。

功效：滋阴润燥，补肾壮阳。

（八）抗衰延寿类

红枣木耳汤

原料：红枣 15 枚，木耳 10 克，白糖适量。

制法：将木耳用水发好，撕成小块，红枣洗净，去核。将红枣、木耳、白糖同放沙锅中，注入适量清水，煮至红枣、木耳熟，盛入碗中即成。

功效：红枣性味甘温。《日华子本草》记有："润心肺、止咳、补五脏、治虚劳损"的作用。配以益气、润肺、养血的天然高级滋补品木耳。其补益、滋养的作用增强，并有补脾和胃、生津调营的功能。常作为延年益寿的食谱使用。亦可用于脾胃虚弱、气血不足、营卫不和、心悸、乏力、贫血、崩中漏下、高血压等症的辅助治疗。

平菇炒核桃仁

原料：鲜平菇250克，核桃仁150克，黄酒、精盐、味精、湿淀粉、葱花、姜丝、色拉油、鲜汤各适量。

制法：将鲜平菇去杂洗净，撕成小片。将核桃仁用温水浸泡，剥去外皮。炒锅烧热，加油，待油六成热时，放入葱花、姜丝煸香，加入鲜汤、平菇片、核桃仁煸炒一段时间，再加入黄酒、精盐、味精煸炒至入味，用湿淀粉勾芡，出锅装盘即成。

功效：平菇炒核桃仁具有益肠胃、补肾固精、润燥化痰、降血压、健美等功效。常人食之，能强健身体、乌发润肤、延年益寿。

鲜莲银耳汤

原料：银耳5克，鲜莲子30克，黄酒、精盐、味精、白糖、鸡汤各适量。

制法：

（1）把发好的银耳放入1大碗内，加鸡汤蒸透取出。

（2）鲜莲子剥去青皮和一层嫩白皮，切去两头，捅去心，用沸水余后开水泡起。

（3）烧开鸡汤，加入黄酒、盐、白糖、味精。将银耳、莲子装在碗内，注入鸡汤即成。

功效：此汤系用滋阴生津、益气补肾的滋养珍品银耳配莲子而成。莲子性味甘涩而平，《本草纲目》中记有"交心肾、厚肠胃、固精气、强筋骨、补虚损"等功效。两物相合，其功在于补脾益肺、养心固肾。常可治疗男子遗精、滑精、阳痿、妇女月经不调以及身体虚弱、气短心悸、心烦不寐、多梦不安或脾胃虚弱、泄泻、带下等症。亦可治疗神经衰弱、肺结核等病。

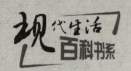

此汤菜也可作为滋养强壮、延年益寿的保健菜肴使用。

美味双耳

原料：水发银耳 100 克，水发黑木耳 100 克，精盐、白糖、胡椒粉、麻油各适量。

制法：

（1）银耳、黑木耳拣去杂质，用清水洗净。用开水烫一下立即投入冷开水，冷却后捞出，沥干水后装盆。

（2）取碗 1 只，加入精盐、味精、白糖、胡椒粉、麻油，用冷开水调匀，浇在盆上即成。

功效：此汤为黑白木耳相合而成的菜肴，故称双耳。双耳含有人体需要的多种氨基酸，以及对人体有益的植物胶质，均为高级滋补强壮的营养品。此汤功效重在益气滋阴，补肾强身，活血止血。能增进食欲、促进消化、润健皮肤、润肺补脑、活血养荣、轻身强志等作用，是理想的延年益寿食谱。亦可治疗气血不足、产后虚血、久病体虚或作为消渴病、高血压、血管硬化症等病的保健菜肴。银耳、木耳都能增强人体免疫功能，可提高抗病、防病能力，使人健康少病。

红枣炖香菇

原料：红枣 10 枚，干香菇 20 枚，精盐、黄酒、味精、生姜片、色拉油各适量。

制法：将红枣、香菇用温水泡发并洗净，再取有盖的炖盅 1只，放入澄清过滤的泡发香菇的水、香菇、红枣、精盐、味精、黄酒、生姜片、色拉油适量，盖上盅盖，上笼蒸炖 1 小时左右，出笼即成。

功效：补中益气，健美抗衰。

莴苣炒香菇

原料：莴苣 400 克，水发香菇 50 克，白糖、精盐、味精、酱油、胡椒粉、湿淀粉、色拉油各适量。

制法：将莴苣去皮洗净切成片。水发香菇去杂洗净切成菱形片。炒锅上火，放入色拉油烧热，倒入莴苣片、香菇片，煸炒几下，加入酱油、精盐、白糖，入味后点入味精、胡椒粉，用湿淀粉勾芡，推匀出锅即成。

功效：益气健身，抗衰延年。

草 菇 茶

原料：草菇 25 克，药茶 5 克，白糖适量。

制法：将草菇洗净晒干后粉碎，与红茶混匀。每次饮用前将草菇红茶粉放入茶杯中，加开水冲泡，加糖调味后饮用。

功效：防老抗衰。

草菇拌双花

原料：鲜草菇 300 克，西兰花、花菜各 200 克，生姜片、白糖各 2 克，素鲜汤、色拉油各 100 克，胡椒粉 1 克，酱油、麻油、黄酒各 5 克，精盐、味精、湿淀粉各适量。

制法：先将西兰花和花菜分别掰成小花朵，用沸水焯至断生捞出。再将草菇洗净，放水锅中煮透捞出。炒锅中放植物油烧热，烹入黄酒、素鲜汤，放入西兰花和花菜，用精盐、白糖、味精调味，加湿淀粉勾芡，淋上明油起锅，间隔排放在平盘周边。炒锅上火，放油烧热，下生姜片爆锅，放入草菇煸炒几下，加入黄酒、精盐、酱油、白糖、素鲜汤，烧入味时用湿淀粉勾芡，撒上胡椒粉，淋上麻油拌匀，盛装在双花中间即成。

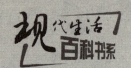

功效：补虚健体，抗癌防衰。

（九）降脂降压类

烧口蘑玉兰片

原料：口蘑 200 克，水发玉兰片 15 克，黄酒、味精、酱油、白糖、湿淀粉、花椒水、猪油、鸡汤各适量。

制法：

（1）将口蘑用温水泡发，去杂洗净，切成两半。玉兰片洗净切片。

（2）炒锅内放油烧热，用酱油炸锅，加入鸡汤、花椒水、黄酒、味精、白糖、口蘑、玉兰片，烧沸后改用小火炖煨，炖至蘑菇熟透入味，用湿淀粉勾芡，淋入明油，出锅即成。

功效：口蘑为著名的食用菌，具有补中益气、养胃健脾、化痰理气的功效。食之可增进食欲、助消化、补益健身。所含多糖类物质对白血球减少症、传染性肝炎有很好的疗效，并是一种具有抗癌作用的物质。常可治疗脾胃虚弱、气虚以及白血球症、肝炎、癌症、高血压、高血脂等病症。

炖 三 菇

原料：水发口蘑 100 克，水发平菇 100 克，水发草菇 100 克，芫荽 5 克，黄酒、味精、精盐、白糖、鸡油、高汤等适量。

制法：

（1）将口蘑去杂洗净，下沸水锅焯一下捞起，泡入冷水中。平菇、草菇都去杂洗净。

（2）将平菇、口蘑、草菇同放入炖盅内，加入高汤、精盐、白糖、黄酒、味精、鸡油，盖上盅盖，上笼蒸半小时取出，撒入芫荽末即成。

功效：此菜是以高级滋补强壮的食用菌珍品口蘑、草菇、平菇经烹制而成的，具有滋补、降压、降脂、抗癌的功效。对于高血压病、高血脂症、冠心病、动脉硬化症以及各种癌症均有一定疗效。常人食之不仅能强壮身体，还能防止以上各种病症的发生，是一种理想的高级营养保健菜肴。

三鲜豆腐

原料：豆腐 300 克，水发口蘑 50 克，笋片 30 克，罐头鲜蘑 30 克，黄酒、味精、精盐、酱油、白糖、葱末、姜末、湿淀粉、麻油、豆油各适量。

制法：

（1）将豆腐切成大片。炒锅放油，烧热时放入豆腐块，炸至金黄色时捞出沥油。水发口蘑去杂洗净一切两瓣，鲜蘑也一切两瓣，将口蘑、蘑菇、笋片分别放入沸水锅焯透捞出备用。

（2）炒锅留少量底油烧热，下葱姜煸香，再加入酱油、黄酒、白糖、口蘑、蘑菇、笋片煸炒，再下入豆腐块，烧沸后改小火烧煨至入味，用湿淀粉勾芡，点入味精，淋入麻油推匀即可出锅。

功效：此菜用补脾、益气、和中、润燥、清热解毒的豆腐配补中养胃、清热化痰的口蘑、蘑菇、竹笋而成的美味佳肴。其作用重在补中益气、清热化痰。常可作为肺热、痰火之咳嗽痰多，或病后、体虚、脾胃虚弱、饮食不佳、气短食少等病症的食疗食品。此外也可作为高血压病、高血脂病、动脉硬化症、癌症的辅助食疗菜肴食用。

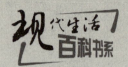

木耳炒白菜

原料：水发木耳 150 克，大白菜 250 克，豆油 50 克，酱油、盐、味精、花椒粉、葱花、湿淀粉各适量。

制法：把泡发好的木耳择洗干净。炒勺内放油，烧热，下花椒粉、葱花炝锅，随即下入白菜片煸炒，炒至白菜片油润明亮时，放入木耳，加酱油、盐、味精，炒拌均匀，用湿淀粉勾芡，即可出勺。

功效：此菜肴为黑木耳配白菜经烹制而成。木耳具有益气不饥、润肺补脑、轻身强志、凉血止血、活血养容的作用。白菜不仅营养丰富、清爽适口，而且具有通利肠道、除胸中烦热、消食下气、和中解毒的作用，二物相合成肴，相得益彰，是理想的保健素菜，对高血压、冠心病、肥胖病均有一定的疗效。

三鲜素海参

原料：水发木耳 100 克，水发香菇 50 克，熟冬笋 50 克，熟菜花 50 克，甜椒 50 克，素鸡 50 克，色拉油、酱油、味精、白糖、黄酒、姜末、湿淀粉、玉米粉、精盐、鲜汤各适量。

制法：

（1）将水发木耳洗净，沥干水分，切成木耳末同玉米粉放在大锅里，加盐、味精、水拌成木耳面糊，用力把面糊制成手指形，逐条下到六成热的温油锅中，氽成海参形，即为"素海参"。

（2）将水发香菇洗净去蒂，切成梳子状片；熟笋、素鸡切滚刀块；熟菜花用刀切成栗子大小的块；甜椒洗净后去子切成梭子片待用。

（3）将锅置旺火上，放生油烧到七成热，即将全部配料下锅煸炒后，随下姜末、黄酒、酱油、白糖、鲜汤，烧沸加"素海参"、味精，烧沸后用湿淀粉勾芡，淋油即可起锅装盆。

功效：三鲜素海参是以滋补强壮、益气补虚的黑木耳配补气益胃、强身健体的山珍香菇与和中化痰的冬笋经烹制而成。此菜中香菇不仅能补益，而且还能降低血脂。几物相制成肴，其功在滋补健身，益胃化痰，降血脂。凡年老体弱、久病气虚、产后虚弱及高血压、高血脂、动脉硬化等病均宜食用。

清蒸凤尾菇

原料：鲜凤尾菇 500 克，精盐、味精、麻油、鸡汤各适量。

制法：将凤尾菇去杂洗净，用手沿菌褶撕开，使菌褶向上，平放在汤盘内，加入精盐、味精、麻油、鸡汤，置笼内清蒸，蒸熟后取出即成。

功效：凤尾菇是食用菌新秀，其内含有较高的蛋白质、氨基酸、维生素等物质，具有补中益气、减脂、降压、降醇、抗癌的作用。适用于肥胖病、高血压、高血脂、冠心病、癌症患者食用。

凤尾三宝羹

原料：鲜凤尾菇 200 克，水发鱼翅 100 克，爆发猪蹄筋 100 克，虾仁 50 克，白菜心 200 克，料酒、精盐、味精、蒜瓣、酱油、湿淀粉、猪油各适量。

制法：

（1）将凤尾菇洗净，放在沸水锅中焯熟捞出，留汤备用。鱼翅去烂肉，洗净，下锅煮熟。

（2）锅中加猪油烧热，投入蒜末及虾仁爆炒至香，加入菜心、酱油、精盐、料酒、鱼翅、蹄筋烧沸，小火焖烧段时间，

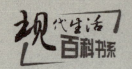

加入凤尾菇及原汤，烧至凤尾菇、鱼翅、蹄筋入味，用湿淀粉勾稀芡，烧开后出锅即成。

功效：此菜是以凤尾菇、鱼翅、蹄筋、虾仁高级名贵食品所组成。菜中凤尾菇具有补中益气、减脂、降压、抗癌的作用。鱼翅为海味珍品，有补肾填精、强筋壮骨的功效。蹄筋能补气养血、润燥壮筋。虾仁则有补肾补阳、益气的作用。几物相合起到滋补强壮、健身的特殊功效。可作为气血不足、食少乏力、羸瘦体弱，或精血亏损、筋骨不利、腰膝酸软以及癌症等病症的辅助食疗菜肴食用。

石耳豆腐汤

原料：水发石耳 50 克，豆腐 750 克，笋片 20 克，蘑菇 20 克，火腿肉片 10 克，精盐、味精、白糖、胡椒粉、鸡汤各适量。

制法：

（1）豆腐切成 5 厘米的长条块。石耳洗净，擦净毛，下沸水锅焯一下捞出，再同笋片、蘑菇片、豆腐一同下锅焯一下，捞出入碗。

（2）锅中放入鸡汤，加入味精、盐、胡椒粉、白糖，烧开后倒入碗内即成。

功效：此汤菜以石耳配豆腐为主料，经烹制而成。性味甘平。李时珍称其作用"胜于木耳"，具有清热解毒、止血、利尿、降压减脂作用，有较高的营养和治病作用。此汤配以清热解毒、补脾和中的豆腐，其功效加强。常可作为高血压、冠心病、高血脂病、动脉硬化症、水肿、癌症，以及因热所致的鼻衄、咯血、吐血等病症的辅助食疗汤菜食用。

平菇三鲜汤

原料：鲜平菇 150 克，榨菜 5 克，猪肉片 50 克，菠菜 6 棵，精盐、酱油、猪油各适量。

制法：将平菇去杂洗净切片。榨菜切片。菠菜洗净。肉片放入沸水锅焯透，捞出待用。炒锅注入清水适量，投入平菇、榨菜烧沸，后放菠菜、肉片、精盐、酱油，烧沸后起锅装碗，淋上猪油即成。

功效：平菇是价廉物美的食用菌，对胃、十二指肠溃疡有很好的疗效，还有降压、降胆固醇、抗癌以及追风散寒、舒筋活络的作用。配以猪肉兼有补益的作用。可作为胃、十二指肠溃疡、肝炎、高血脂、动脉硬化以及癌症、筋脉不舒、麻木等病症患者的辅助食疗菜肴食用。

双菇烩兔丝

原料：净兔肉 300 克，平菇丝 100 克，香菇丝 50 克，蛋清 1 个，黄酒、精盐、味精、酱油、白糖、胡椒粉、葱丝、姜丝、湿淀粉、麻油、色拉油、猪油、高汤各适量。

制法：

（1）将兔肉洗净切丝，盛入碗内，加入蛋清、淀粉、黄酒、酱油拌匀上浆。

（2）炒锅烧热放油，待油烧至五成热时，将兔肉丝下锅推散泡至熟，即倒入笊篱内沥去油。原锅内留少量余油，投入平菇丝、冬菇丝、姜丝、葱丝煸透后，烹入料酒，加入高汤、味精、精盐、酱油、白糖、胡椒粉、兔肉丝，烧沸后用湿淀粉勾芡，加入少许猪油推匀，淋上麻油即可起锅装盆。

功效：此菜以补脾胃、益气血、强筋骨的兔肉，配以滋补

强壮的平菇、香菇，具有补中益气、滋补、强健身体的营养保健功效。常可作为体虚、瘦弱乏力、气怯食少或脾胃虚寒以及精血不足、筋骨痿软等病症的辅助治疗菜肴食用。同时双菇还具有抗癌、降压、降脂、降胆固醇的作用，亦可作为癌症、高血压、动脉硬化症等病患者的辅助营养食疗品使用。

银耳冰糖鹌鹑蛋

原料：银耳 12 克，鹌鹑蛋 10 个，冰糖适量。

制法：

（1）水发银耳除去杂蒂，放入碗内加清水，上蒸笼蒸透。

（2）将鹌鹑蛋放入冷水锅内煮开，捞出，放在冷水中，剥去外壳。

（3）用另一清洁小锅，加糖和清水，待烧开后放入备好的银耳、鹌鹑蛋，撇去浮沫即成。

功效：银耳是天然滋补之品，具有滋阴生津，益肺补肾，健脑强识的功用。内含大量蛋白质，碳水化合物和多种微量元素。现代医学认为，银耳中含有阻止血液中胆固醇沉积和凝结的物质，常食用可防止血管动脉硬化。而鹌鹑蛋中含氨基酸种类齐全，还有高质量的多种磷脂、激素等人体必需成分，如铁、核黄素、维生素等，是理想的滋补食品，被人们公认为动物人参，其营养价值较高，具补益气血、强身健脑、降脂防压的作用，两物相合配用，则使益气养血、补肾强精、健脑强身的功效更好。对久病或体弱、贫血、心悸、失眠、头晕目眩、神经衰弱、血管硬化以及妇婴营养不良等病人均有补益作用。可作为滋补食疗品时常食用。

酿竹荪汤

原料：水发竹荪30克，鸡脯肉150克，猪肥肉15克，熟火腿15克，芫荽15克，鸡蛋清2个，黄酒、精盐、味精、淀粉、面粉、葱段、姜片、鸡汤各适量。

制法：

（1）将竹荪去两头洗净切段，用凉水泡好。将葱姜放碗内用黄酒泡好备用。芫荽去杂洗净，与火腿同切细末。

（2）将鸡脯肉、猪肉洗净，剁成肉泥放入碗内，加入蛋清，倒入泡好的葱姜酒，加入湿淀粉、精盐搅至上劲为止。

（3）将泡好的竹荪下沸水锅稍焯一下，捞出沥干水，平铺在盘内，上撒面粉，把拌好的鸡泥抹在竹荪上，点缀上火腿和芫荽末，上笼蒸熟取出。

（4）炒锅加入鸡汤、黄酒、精盐、味精烧沸，撇去浮沫，倒在1个大汤盘内。将蒸好的竹荪取出，用刀改成象眼块，放入大汤盘内使之浮于汤面即成。

功效：此菜用补气滋养、减肥、降压的山珍竹荪配甘温、补中益气、补精添髓的鸡肉，其功在滋补、降压、减脂。适用于体虚、年老、病后气血津亏损所致的虚劳症、高血压、高血脂、癌症病患者食用。

竹荪蹄筋汤

原料：水发竹荪150克，油发蹄筋5条，熟鸡脯50克，青菜心5棵，黄酒、精盐、味精、猪油、鸡汤各适量。

制法：

（1）将竹荪去两头洗净纵切开。蹄筋用热水浸泡，洗净切段。鸡肉切片。菜心洗净纵切开。

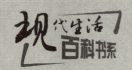

（2）锅内注入鸡汤烧沸，放入蹄筋、鸡肉、精盐、黄酒烧沸，再加入竹荪、菜心烧沸入味，点入味精，淋猪油，出锅即成。

功效：蹄筋具有补肝强筋的功效。鸡肉具有补益脾胃、补肾填精的功效。与竹荪相配成此菜，具有滋补强壮的功效。可作为高血压、高血脂、高胆固醇、筋酸无力、筋损伤、小便频数等病症患者的食疗菜谱。健康人食之添髓补精、强健身体。

清炖香菇木耳

原料：香菇 50 克，木耳 25 克，黄酒、精盐、姜片、胡椒粉、熟猪油、鸡汤各适量。

制法：将香菇、木耳分别用温水泡发，去杂洗净。泡发香菇的水澄清留用。将黄酒、精盐、姜片、葱段、猪油、香菇、木耳放入沙锅中，加入泡发香菇的水和鸡汤。用武火烧沸，撇去浮沫，改为文火炖 20 分钟左右。拣去姜、葱，加入味精、胡椒粉调味即成。

功效：香菇与木耳均为高级天然滋补之山珍。两物除含有一般营养外，其中香菇还具有降低血脂和抗癌物质，黑木耳还含有减少血凝块的物质。此菜可用来治疗和预防高血压、高血脂、动脉硬化等症，亦可用于抗癌的辅助食疗。

西湖莼菜汤

原料：瓶装西湖莼菜 1 瓶，熟笋 50 克，水发香菇 50 克，番茄 50 克，精盐、黄酒、味精、姜末、鲜汤、麻油、色拉油各适量。

制法：

（1）莼菜开瓶后沥去卤汁，倒入碗中用沸水泡过后，沥干水分。水发香菇，熟笋切成丝。西红柿洗净切成片条。

（2）炒锅放油，烧至五成热，放入姜末煸炒至油热姜香，加入鲜汤、冬菇丝，烧沸后放入笋丝、莼菜、西红柿，加入味精、黄酒，烧至入味，淋上麻油，装入大汤碗。

功效：此菜汤是用莼菜、竹笋、香菇、番茄为主料。具有抗癌、降血脂、降压的作用。常可作为癌症、高血压、高血脂、冠心病等体虚病患者的营养辅助食疗汤菜。

（十）清热解毒类

木耳黄瓜

原料：黄瓜500克，水发木耳50克，白糖、精盐、酱油、味精。

制法：黄瓜洗净，切2毫米厚的圆片，撒精盐腌10分钟左右，挤去水分。碗内加酱油、白糖、味精调匀，然后将黄瓜片、水发木耳放入碗内拌匀。食用时，置于盘中，周围用胡萝卜花点缀。

功效：此菜肴以黄瓜与木耳为原料。经调拌而成的凉拌菜。生黄瓜内含有多种糖类及葡萄糖苷类等，并含有咖啡酸、多种游离氨基酸、维生素等物质。其性味甘寒。《日用本草》称它能"消除胸中热，解烦渴、利水道"。具有清热除烦，生津止渴，解热利水的作用。常食之可治疗热性病、身热口渴、胸中烦热或水肿等病症。

木耳海螺

原料：净海螺肉200克，水发木耳20克，黄瓜100克，肉

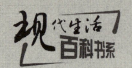

汤、味精、黄酒、精盐、姜末、香菜、鸡油。

制法：

（1）将香菜切成末，黄瓜切成片，水发木耳撕成瓣，海螺肉切成片。把海螺放在沸水锅内氽透，黄瓜放在沸水内氽一下，捞出都放在碗中，海螺放在黄瓜上面。

（2）炒勺内加肉汤、木耳、黄酒、盐，烧开后撇去浮沫加上味精，浇在海螺上，淋上鸡油撒香菜末即成。

功效：此菜肴是海螺肉配木耳与黄瓜，经烹制而成。海螺肉含较高的蛋白质、无机盐、多种维生素，肉质肥美，其性味甘凉，清鲜适口，并具有清热解毒、明目等功效。民间常用此物治疗心痛、眼痛等疾患。配以滋补强壮、活血、止血、止痛的木耳与甘凉、清热解毒、利水明目的黄瓜，其作用增强。常可以治疗胃热炽盛呕吐酸水的胃痛、急性结膜炎、眼睛红肿、热痛等疾患。

宜忌：脾胃虚寒者忌食之。

发 菜 卷

原料：水发发菜 100 克，鸡脯 200 克，鸡蛋清 2 个，肥膘肉 20 克，黄酒、精盐、味精、葱花、姜末各适量。

制法：鸡脯肉去掉筋膜，肥膘肉洗净，分别剁成细泥，放入盆内加上调料拌匀待用。把一块净纱布铺在菜板上，将发菜均匀铺在上面，再抹匀鸡泥，从一端卷起，卷成直径 2 厘米粗的卷，共卷 2 卷放在盘中。放入笼中蒸 10 分钟，熟后取出晾凉，切片装盘即可。

功效：鸡肉补虚损，益五脏，强筋骨；鸡蛋清肺利咽，清热解毒。与发菜共成此菜，可为人体提供丰富的营养成分，具有清热消滞、解毒滋补的功效。可作为贫血、体弱、小便频数、慢性气管炎等病患者辅助食疗之用。健康人常食之，添髓补精，强健身体。

发菜素丸子

原料：水发发菜 50 克，嫩豆腐 250 克，香菇末、蘑菇末、烤麸末、笋末各 15 克，黄酒、白糖、精盐、姜末、味精、淀粉、素汤、麻油、色拉油各适量。

制法：

（1）豆腐去边皮，香菇、蘑菇、烤麸、笋末，一起放入大碗，加姜末、黄酒和精盐、味精及干淀粉搅拌成豆腐泥。发菜洗净。

（2）锅内下油至六成热时，将豆腐泥用手结成核桃大小的丸子，入锅炸至金黄色时用漏勺捞起沥油。

（3）锅内留油少许，放入发菜和丸子，加素汤和精盐，收浓汤汁，放入味精推匀，即将丸子捞出装入盘中，发菜围边，锅内的汤汁用湿淀粉勾稀芡，淋入麻油，浇在丸子上即成。

功效：发菜含丰富的蛋白质、钙、铁等营养成分，无脂肪，被称为山珍"瘦物"，具有清热消滞、软坚化痰的功效。豆腐益气和中，生津润燥、清热解毒的功效。香菇、蘑菇、烤麸、竹笋含有丰富的营养物质，具有益肠胃、化痰、理气的功效。几物组成此菜，可提供人体丰富的蛋白质、碳水化合物、钙、铁等营养成分，具有清热解毒、软坚化痰、益肠胃的功效。对于高血压、动脉硬化、冠心病、贫血、慢性气管炎、咳嗽气逆等病症有一定疗效。健康人常食此菜，能美容颜，开心智。

石莼盖浇面

原料：鲜石莼 500 克，面条 200 克，精盐、味精、葱花、

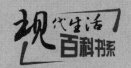

猪油各适量。

制法：将石莼去杂洗净切段，将面条入沸水锅内煮熟，捞出放入碗内。油锅烧热，下葱花煸香，投入石莼煸炒几下，加入适量水、精盐烧至入味，点入味精，用勺盛起浇在面条上即成。

功效：此面由石莼与厚肠益脾的面粉相配而成，可为人体提供丰富的营养成分。具有软坚散结、清热祛痰、利水解毒的功效，适用于喉炎、颈淋巴结肿、瘿瘤、小便不利、水肿等病症。

软丝藻蛋汤

原料：软丝藻300克，鸡蛋2个，精盐、味精、葱花、麻油各适量。

制法：将软丝藻去杂洗净。鸡蛋磕入碗内搅匀待用。锅内加水适量烧沸，放入软丝藻、精盐、葱花烧入味，将鸡蛋徐徐倒入成蛋花、点入味精、淋入麻油，出锅装碗即成。

功效：此汤由软丝藻与润肺利咽、清热解毒、滋阴润燥的鸡蛋相配而成，可为人体提供丰富的蛋白质、碳水化合物、矿物质等多种营养成分。具有清热解毒、润肺化痰、软坚散结的功效。适用于咽喉肿瘤、目赤、热毒肿瘤、水肿、小便不利、营养不良等病症。健康人食用可强体防病，增强智力，润肤健美。

油煎软丝藻

原料：软丝藻500克，酱油、麻油、面粉、色拉油各适量。

制法：将软丝藻去杂洗净，加入少量面粉拌匀滚成小团，放油锅内煎脆，捞出放盘内，蘸酱油、麻油食用。

功效：此菜可为人体提供多种营养成分。具有清热化痰、利水解毒、软坚散结的功效。适用于喉炎、咳嗽痰结、水肿、小便不利、高血压等病症。

宜忌：脾胃虚寒者忌食用。

拌刺松藻

原料：嫩刺松藻 500 克，酱油、味精、蒜泥、麻油各适量。

制法：将嫩刺松藻去杂洗净，入沸水锅内焯透，捞出放清水中洗净，挤干水切段放盘内，加入酱油、味精、蒜泥、麻油，吃时拌匀即成。

功效：此菜含有多种营养成分，具有清热解毒、利水消肿的功效。适用于咽喉肿痛、水肿、小便不利等病症，还可作为消暑清热的菜肴。

刺松藻烧牡蛎

原料：嫩刺松藻 500 克，牡蛎肉 250 克，黄酒、精盐、味精、葱花、姜丝、胡椒粉、猪油各适量。

制法：将嫩刺松藻去杂洗净切段。牡蛎肉去杂洗净。油锅烧热，下葱花、姜丝煸香，投牡蛎肉、黄酒、精盐炒入味，放入刺松藻炒至入味，点入味精、胡椒粉，推匀出锅。

功效：此菜由刺松藻与化痰软坚、清热除湿、消瘿去瘿的牡蛎肉相配而成。具有清热解毒、化痰软坚、利水消肿的功效。适用于颈淋巴结肿、咽喉肿痛、目赤、水肿、小便不利等病症。健康人食用更能增强记忆力，精力充沛，抗病防病。

宜忌：脾胃虚弱者忌食用。

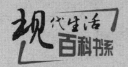

（十一）防癌抗癌类

香 菇 发 菜

原料：水发香菇 10 个，水发发菜 100 克，青菜心 50 克，精盐、冰糖、黄酒、味精、胡椒粉、姜片、干淀粉、麻油、花生油、清汤各适量。

制法：

（1）将水发香菇挤干水分，放入汤碗内，加花生油、姜片、黄酒、冰糖及精盐、清汤，盖上碗，入笼蒸 10 分钟取出。将青菜心洗净切段，撒在香菇上，蒸香菇原汤留用。

（2）发菜用温水泡 1～2 小时，待其发透时捞出，滴上几滴食油，用手轻轻揉搓，使发菜松软，再用清水漂洗干净分成若干份，然后将每份团成如荔枝大小的圆球，放入汤碗内，加清汤、精盐，入笼蒸 5 分钟取出。将香菇码放在大汤盆的中央，发菜球围摆在四周。

（3）炒锅置火上，倒入蒸香菇和发菜球的原汤，再放入清汤、精盐，待汤烧沸后撇去浮沫，撒入味精和胡椒粉，溜边慢慢倒入盛香菇和发菜球的汤盆中，再淋上麻油即成。

功效：香菇含较高的蛋白质、碳水化合物、矿物质、维生素，具有益气、开胃的功效。用于治疗各种虚症、食少、高血压、冠心病、胃和十二指肠溃疡等病症。香菇有提高人体免疫功能作用，可抗癌，防治心血管疾病。发菜含很丰富的蛋白质、钙、铁，均高于猪、牛、羊肉及蛋类，具有理肠除垢、解毒滋补、通便利尿的功效。香菇、发菜可为人体提供丰富的营养成分，对高血压、冠心病、贫血、慢性气管炎、瘰疬癌肿等症有

一定疗效。

凉拌平菇丝

原料：鲜平菇 350 克，酱油、麻油各适量。

制法：将麻油、酱油放入小碗内搅匀。将平菇去杂洗净，放入沸水锅中焯一下捞出，切丝后装盘，浇上麻油、酱油即成。

功效：平菇又称侧耳，是常见的食用真菌，内含 18 种氨基酸，其中人体必需的 8 种氨基酸无一不备，这些氨基酸使平菇具有特殊鲜味。并含有多糖类物质，具有一定的抗癌作用。还可治疗腰腿疼痛、手足麻木、筋骨脉络不舒等症，是公认的"健康食品。"

平菇炖豆腐

原料：鲜平菇 200 克，豆腐 500 克，黄酒、精盐、味精、酱油、麻油各适量。

制法：

（1）将平菇去杂洗净，撕成小片。将豆腐放铝锅中煮段时间，捞出沥干水，切成小方块。

（2）沙锅内放豆腐、平菇、精盐、黄酒、酱油，注入适量清水，炖至豆腐、平菇入味，加入味精，淋上麻油即成。

功效：平菇具有舒筋作用，可治疗腰腿痛、手足麻木、筋络不舒等病症。现代医学认为平菇所含的糖类具有抗肿瘤的作用。平菇与益气调中的豆腐相配，常用于高血压、高血脂、动脉硬化、癌症等病症的辅助食疗菜肴。

平 菇 荠 菜

原料：鲜平菇 150 克，鲜荠菜 300 克，精盐、味精、葱花、

猪油各适量。

制法：将平菇洗净切宽条。荠菜去杂洗净切段。锅中放入猪油，烧热放葱花煸香，放入平菇煸炒一会，加入精盐、荠菜煸炒，炒至平菇、荠菜入味，点入味精调味即可出锅。

功效：此菜以清肝利胆、凉血止血、利湿通淋的荠菜配以平菇烹制而成。据报道，平菇还能降血压、降低胆固醇、预防尿道结石、胆结石、抗癌。此菜适用于肝火血热、目赤肿痛、吐血、便血、月经过多、高血压、高胆固醇，或癌症等病症患者食疗保健之用。

平菇炒菜心

原料：鲜平菇 250 克，菜心 250 克，精盐、味精、葱花、色拉油各适量。

制法：将菜心洗净从根部剖成 4 瓣，再切成段。将平菇去杂洗净切丝。炒锅烧热加油，油热后放菜心、平菇煸炒，并加入精盐、味精、葱花，待熟后盛入盘内。

功效：平菇含有丰富的蛋白质，菜心含丰富维生素 C、钙以及磷、铁、胡萝卜素、维生素 B 等。二者组成此菜，具有健肠胃、降压、降胆固醇、消食下气、利大小便等作用。菜心含丰富的维生素 C，促进人体免疫功能的提高。常食之能强健身体，提高人体防病抗病能力。

金针菇炒鳝丝

原料：水发金针菇 100 克，去骨黄鳝肉 350 克，精盐、酱油、姜、蒜瓣、豆粉、猪油各适量。

制法：将黄鳝洗净，剁段切条，姜切丝，金针菇洗净切段。豆粉加水调匀，入锅烧沸，放入鳝丝，加酱油、精盐翻拌，至鳝丝半熟时投入金针菇及姜丝，翻拌至鳝丝熟透，起锅盛入盘中。锅洗净后加猪油烧热，投入拍碎的蒜瓣煸香，将其浇在鳝丝上即可上桌。

功效：此菜以味美营养丰富具有补肝益脾的食用菌金针菇，配以甘温补益健身、散风通络的鳝鱼，具有补虚损、益气血、强筋骨的功效。常可作为久病、病后、年老体虚、气血不足、脏腑虚损、倦怠食少、腹中冷气、肠鸣泄泻、产后恶血淋沥不绝，或腰腿酸软，或风寒湿痹、筋骨疼痛等病症的补益食疗菜肴食用。此外金针菇中还含有抗癌的物质，亦可作为癌症患者的辅助治疗菜肴食用。

黄芪猴头汤

原料：猴头菇 150 克，黄芪 30 克，鸡肉 250 克，黄酒、精盐、胡椒粉、姜、葱、猪油各适量。

制法：

（1）猴头菇冲洗后放入盆内用温水发涨，洗净切成薄片，发猴头的水用纱布过滤待用。

（2）鸡肉洗净后剁成块，黄芪用湿毛巾揩净后切成薄片。葱、姜切碎。

（3）锅烧热下猪油，投入黄芪、葱、姜、鸡块共煸炒后，放入盐、黄酒、发猴头的水和少量清汤，用武火烧沸后改为文火炖约 1 小时，然后下猴头片再煮段时间至入味，撒上胡椒粉。

（4）先将鸡块放在碗内，再捞猴头片盖上面。汤加盐调好味，盛入碗中即成。

功效：猴头为宴席珍馐，亦是高级滋补之品，有助消化、利五脏、抗癌的作用。配以补中益气、养血生津的黄芪与鸡肉，其功效增大。常用于气血虚弱、消化不良、神经衰弱、胃及十

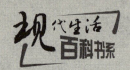

二指肠溃疡、消渴症等疾病。尤其对胃癌有明显的疗效，可作为食疗菜肴长期食用。

红烧猴头菇

原料：水发猴头菇 200 克，猪肉 100 克，精盐、味精、酱油、白糖、淀粉、花椒水、葱、姜、猪油各适量。

制法：

（1）将猴头用温水泡发，洗净泥沙，切成厚片，放入沸水锅中焯透。猪肉切片放入沸水中焯一下捞出洗净。

（2）将猴头片放盆内，加入肉片、葱段、姜片，添汤适量，上笼蒸 30 分钟取出，去掉葱、姜，猪肉取出做别用。

（3）锅加油烧至六成热时将猴头片下入油中氽一下，倒在漏勺中控油待用。原锅留少许底油，用葱、姜末炝锅，放入猴头片，加酱油、精盐、花椒水、白糖翻炒，添适量汤，点味精调味，用湿淀粉勾芡，淋上明油，出锅装盘即可。

功效：此菜为山珍猴头与猪肉烹制而成。猴头质嫩肉美、营养丰富是高级天然滋补品，配以补肾养血、滋阴润燥的猪肉，其功在滋补强身。常用于气血虚弱、精血亏耗、津液不足以及消化不良、神经衰弱等病症。尤其对胃癌有明显的治疗作用，可作为食疗菜肴长期食用。

猴头炖鸡

原料：鸡 1 500 克，水发猴头 150 克，冬笋 25 克，烫油菜 25 克，熟火腿 15 克，香菜 15 克，精盐、黄酒、味精、葱段、姜块、花椒水、八角茴香、猪油、鸡汤各适量。

制法：

（1）将鸡宰杀，去毛，内脏和头、爪用水洗净，再剁成 3

厘米见方的块。猴头用温水泡发洗净，挤水撕成片。火腿、冬笋切成长方片，油菜切段，葱、香菜切段，姜块拍松。

（2）锅内放少许猪油烧热，用葱、姜炝锅，放入鸡肉块煸炒半熟，加清水、花椒水、黄酒、八角、茴香、精盐、猴头菇、冬笋、火腿烧开，用微火炖烂，放入油菜，挑出葱、姜、八角、茴香，将鸡块捞在碗内。锅内汤烧沸，撇去浮沫，放入味精，将汤浇在碗内的鸡块上，放上香菜段即可。

功效：此菜以山珍之品的猴头配温补填精的鸡肉，可治疗气血虚弱、阴精不足或脾胃虚弱、食少乏力、体虚乳少等症。可作为年老、病后体质虚弱者的补益食疗菜肴。亦可作为癌症病人辅助食疗。常人食之，可益力健身。

清汤芙蓉猴头

原料：水发猴头 250 克，鸡蛋清 6 个，豌豆苗 25 克，精盐、味精、湿淀粉、豆芽汤各适量。

制法：

（1）将猴头用清水多次洗净，顺毛切片，下沸水锅焯熟捞出，挤出水，扣碗内，加入蛋清、精盐、味精、湿淀粉搅成糊。将猴头逐片下锅滑制，水开捞出。

（2）将蛋清倒入豆芽汤中搅匀，上笼蒸透取出。

（3）锅内添入豆芽汤，加入精盐、味精，待汤沸后倒在大碗内，把蒸好的芙蓉用勺盛入汤内，放入猴头片，撒上择洗干净的豌豆苗即可。

功效：鸡蛋清具有润肺利咽、清热解毒的功效。与猴头、豌豆苗共组此菜，可作为消化不良、神经衰弱、胃溃疡、十二指肠溃疡、胃炎、胃癌、食道癌等疾病患者辅助食疗菜肴。健康人食之能增强抗病防病能力。

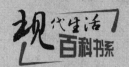

炝榆黄蘑

原料：水发榆黄蘑 250 克，芫荽 10 克，黄酒、味精、精盐、酱油、白糖、醋、葱丝、姜丝、湿淀粉、麻油、豆油各适量。

制法：

（1）将水发榆黄蘑去杂洗净，切成块，放入碗中，加入精盐、味精、黄酒、湿淀粉浆拌匀备用。芫荽择洗干净切段。取小碗放入酱油、醋、料酒、白糖、味精对成汁备用。

（2）炒锅加油烧至七成热，将浆拌好的榆黄蘑逐个入油中炸至金黄色捞出。

（3）炒锅中留少许底油，放葱、姜煸香，放入榆黄蘑块，泼入兑好的汁，撒入芫荽段，迅速煸炒，淋入麻油推匀即可出锅装盘。

功效：榆黄蘑为食用菌之一，具有益气、养血、滋阴、和营、降压、抗癌的作用。适用于脾胃虚弱、食少或停滞以及病后失调、体虚所致气血津液不足的肌肉萎缩或高血压、癌症患者的辅助食疗菜肴。

炒 双 菇

原料：水发香菇 150 克，鲜蘑菇 150 克，黄酒、味精、酱油、白糖、姜末、湿淀粉、色拉油、麻油、鲜汤各适量。

制法：水发香菇去杂洗净，切成薄片。鲜蘑菇洗净切片。炒锅置火上，加油少许，将香菇片、蘑菇片煸炒几下，加入黄酒、白糖、酱油继续煸炒，炒至入味。然后加鲜汤烧沸，放味精，用湿淀粉勾芡，淋麻油，装盘即成。

功效：香菇与蘑菇均为中外驰名的食用菌珍品。此菜肴含有较高的蛋白质和人体所需的多种氨基酸及抗癌物质。其功效在于滋补强壮、益气滋阴、消食化痰、清神降压和抗癌肿。可作为高级滋补性食物而用于体质虚弱者。亦可用于痰多而引起的食欲不振或高血压病、头目昏晕等病症。还可作为癌症患者的保健食疗菜肴长期食用。

清炖草菇汤

原料：干草菇 100 克，黄酒、精盐、姜片、味精、麻油、鸡汤各适量。

制法：将干草菇用温水浸发，发好后去杂洗净，用刀切片。炒锅加鸡汤、草菇片、精盐、味精、黄酒、姜片，烧煮至草菇熟透入味，起锅装汤碗淋上麻油即成。

功效：草菇为食用菌之佳品，内含蛋白质、脂肪、多种维生素、核酸和人体所需的多种氨基酸，并含有抗癌物质。能促进人体新陈代谢，提高机体的抗病能力，抑制体内癌细胞的生长，是营养丰富的"保健食品"。常可作为气血不足、气短少食、乏力、消瘦以及高血压、血管硬化症、癌症等病症患者的辅助食疗汤菜。

草菇豆腐羹

原料：嫩豆腐 200 克，面筋 15 克，水发草菇 100 克，绿菜叶 50 克，笋片 50 克，精盐、味精、姜末、麻油、湿淀粉、生油、鲜汤各适量。

制法：

(1) 将嫩豆腐、笋片都切成小丁。水发草菇去杂洗净切成小丁。绿菜叶洗净切碎。

(2) 炒锅下油烧至八成热，加入鲜汤、精盐、豆腐丁、草

菇丁、笋丁、面筋丁、姜末、味精，烧沸后加入绿菜叶，再用湿淀粉勾芡，淋上麻油，出锅装入大汤碗。

功效：此菜以豆腐、草菇、竹笋等食物为主料，具有滋补养胃、降压、降脂、化痰、抗癌的作用。适用于高血压、高血脂、冠心病、癌症，或脾胃虚弱、饮食不振、痰多咳嗽等病症患者的辅助食疗菜肴。

红扒猴头菇

原料：干猴头菇 200 克，鲜汤 250 克，酱油 20 克，黄酒、白糖、湿淀粉、麻油各 15 克，色拉油 50 克，精盐、味精各适量。

制法：将干猴头菇用热水泡软，捞出挤干，批去刺根和根蒂，再用开水泡发，水凉后捞出挤干，从根部往上片成片，加上鲜汤蒸至酥烂，备用。锅上火，放油烧热，放入精盐、黄酒、味精、酱油、白糖和鲜汤各适量，再将蒸碗中的原汤滗净，将猴头菇片放入锅内。烧透后用湿淀粉勾芡，淋上麻油，再将锅晃动几下，出锅上盘即成。

功效：补脾益气，防癌抗癌。

口蘑焖豆腐

原料：干口蘑、干笋尖、干虾米各 10 克，豆腐 200 克，葱花、生姜末、色拉油、酱油各适量。

制法：先将干口蘑、干笋尖、干虾米分别用温水泡发，泡好后切成小丁，泡口蘑和虾米的水留用。炒锅上火，加油烧热，先煸葱花、生姜末，然后放入豆腐急炒，再将切好的笋丁、口蘑丁和虾米放入，并加入泡口蘑和虾米的水、酱油，用旺火快炒至透即成。

功效：益胃理气，清热消痰，防癌抗癌。

鲜蘑炒豌豆

原料：鲜口蘑 100 克，鲜嫩豌豆 150 克，酱油、色拉油、精盐各适量。

制法：先将豌豆剥好，鲜口蘑洗净切成小丁。炒锅上火，放油烧热，将鲜蘑丁、豌豆、酱油、精盐等一同放入锅中，用旺火快炒，炒熟即成。

功效：益气和中，利湿解毒，防癌抗癌。

口 蘑 炖 鸡

原料：母鸡 1 只，口蘑 50 克，精盐、黄酒、葱段、生姜片各适量。

制法：将口蘑去杂洗净。母鸡宰杀后去毛及内脏，洗净切成块，放入锅内，加入适量精盐、黄酒、葱段、生姜片、口蘑和清水，用旺火烧沸后转用小火炖至鸡肉熟烂即成。

功效：补中益气，防癌抗癌。

香 菇 素 包

原料：水发香菇 150 克，水发黑木耳 100 克，油面筋 50 克，青菜 300 克，精面粉 500 克，白糖、味精、麻油、精盐、鲜酵母各适量。

制法：先将香菇、黑木耳、油面筋洗后均切成细粒。青菜洗后，在沸水锅里焯熟，捞出用冷水漂凉，切成细粒，挤干水。炒锅烧热，放油烧至六成热，下香菇、油面筋、黑木耳、精盐、白糖煸炒至熟，起锅时加入青菜粒、味精拌和，淋上麻油即成馅心。将精面粉加鲜酵母用 50 克温水捏散，调成糊状，倒入面

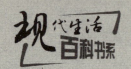

粉中，再加进温水适量，拌匀揉透，揉至面团光滑，不沾手，不沾案板，盖上布，静置2小时使其发酵，见面团中起均匀小孔，面团胀发膨松时做成圆包子坯。在包子坯中心放上馅心，捏拢收口，放入蒸笼静置15分钟左右，再放到旺火沸水锅上蒸10分钟即成。

功效：滋阴补肾，抗癌美容。

香菇牛肉饭

原料：香菇、牛肉各50克，粳米100克，葱花、精盐、酱油各适量。

制法：将香菇用温水泡发，洗净切碎。牛肉洗切片。粳米淘洗干净，与香菇一同放入锅中，加水适量，煮至粳米半熟时再加入牛肉、酱油、精盐，以小火焖至饭熟，食时加葱花调匀。

功效：健脾养胃，强身抗癌。

香菇红枣牛奶饮

原料：香菇25克，陈皮10克，红枣10枚，牛奶50克。

制法：将香菇用温水泡发，与洗净的红枣陈皮一同放入锅中，加清水煎取汁液，再与牛奶混匀饮服。

功效：行气健脾，降逆止呕，强身抗癌。

香 菇 面

原料：鲜香菇50克，面条150克，生姜丝、葱花、黄酒、精盐、酱油、味精、麻油各适量。

制法：先将调料放入碗中，再将香菇去蒂洗净，切成小片，放入沸水中煮数分钟，然后倒入已放好调料的碗中，再按常法煮熟面条，捞入碗中即成。

功效：滋补健身，防癌抗癌。

香菇木耳煨海参

原料：香菇 25 克，黑木耳 15 克，海参 100 克，生姜丝、蒜茸各 10 克，色拉油、精盐、酱油、味精各适量。

制法：将香菇、黑木耳温水泡发后撕成碎片。海参用温水浸泡数小时，剖洗切片。炒锅上火，放油烧热，下海参炒片刻，放入酱油、蒜茸、生姜线、精盐适量同翻炒数分钟，加入香菇、黑木耳和清水适量，盖上锅盖，小火煨至海参、香菇、黑木耳熟烂后，加入味精调味即成。

功效：滋阴补肾，强身抗癌。

香菇烧菜花

原料：菜花 250 克，香菇 25 克，鲜汤 200 克，精盐 3 克，味精 2 克，色拉油、鸡油、淀粉各 10 克，葱花、生姜末各适量。

制法：先将菜花洗净切成小块，再下沸水锅中焯透。香菇水发待用。色拉油烧热后放葱花、生姜末，炒出香味，再放精盐、味精、鲜汤，烧开后将葱、生姜捞出，再将菜花、香菇分别码入锅内，用微火稍煨，入味后淋入淀粉和鸡油即成。

功效：益气助食，防癌抗癌。

香 菇 蹄 筋

原料：水发香菇 100 克，水发蹄筋 250 克，黄酒、鸡油、鲜汤、白糖、葱花、生姜末各适量。

制法：将香菇洗净，去蒂，放入沸水中焯透，然后捞出挤干水。蹄筋洗净，切成 3 厘米的段，放入开水中焯透，捞出沥

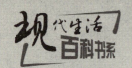

干水。汤锅上火，加入鲜汤、黄酒、味精、葱花、生姜末、白糖、蹄筋段、香菇，旺火烧开后，改用小火煨煮，入味后收浓汁，用淀粉勾芡，淋入鸡油，翻炒几下，出锅盛入盘中即成。

功效：防癌抗癌，壮骨强筋。

香菇烧猪肺

原料：水发香菇 25 克，猪肺 400 克，笋片、熟青菜叶各 10 克，精盐、味精、黄酒、酱油、白糖、葱花、花椒水、鲜汤、湿淀粉、色拉油各适量。

制法：将猪肺反复灌水，冲洗干净，切成小方块，放锅中煮沸后捞出，沥于水分备用。水发香菇去杂洗净撕片。锅内加油，用葱花煸香，加鲜汤、笋片、香菇、酱油、精盐、黄酒、花椒水、白糖、味精、猪肺，烧沸后改小火烧至猪肺入味，加熟青菜叶，用湿淀粉勾芡，出锅即成。

功效：补肺生津，防癌抗癌。

香菇油焖蹄子

原料：水发香菇 100 克，豆腐皮 2 张，素鸡、熟笋、熟土豆、菜花、木耳、蘑菇、黄花菜、胡萝卜、青豆、酱油各 50 克，色拉油 500 克，素鲜汤 200 克，精盐、白糖、味精、湿淀粉、黄酒各适量。

制法：将水发香菇、菜花、胡萝卜、蘑菇、木耳、黄花菜、青豆洗净煮熟，然后连同熟土豆、熟笋、素鸡等分别切成大小相同的块，和酱油、精盐、味精、白糖、素鲜汤、黄酒、植物油、湿淀粉一起炒成圆蹄馅心。将 2 张豆腐皮在酱油里浸透，放在烧至八成热的油锅里炸至金黄色，轻轻捞到开水中泡软，然后轻轻地摊平在碗内，四边露出碗口外，放入圆蹄馅心，将豆腐皮四面包拢，上笼蒸透，扣入盘中。青豆用素鲜汤、黄酒、酱油等调料烧滚后用湿淀粉勾芡，淋上熟油，均匀地浇在圆蹄上即成。

功效：补气益胃，防癌抗癌。

香菇煮冬笋

原料：香菇干品 50 克，冬笋 250 克，精盐、酱油、味精、色拉油各适量。

制法：将香菇用温水泡发，洗净去蒂，冬笋洗净切丝。再将冬笋入油锅，加精盐同炒片刻，加水适量，放入香菇同煮沸，加入酱油、味精后再煮至香菇烂熟即成。

功效：健脾益胃，防癌抗癌。

香菇烧菱角

原料：水发香菇 100 克，大菱角 1 000 克，精盐 2 克，黄酒 5 克，味精 0.5 克，酱油 10 克，白糖 5 克，色拉油 500 克，葱段、生姜片、素鲜汤、麻油各适量。

制法：将菱角去壳，取出菱肉，并将每个菱肉一切两半。水发香菇去蒂洗净，一切两半。炒锅上火，放油烧至七成热，下菱角肉炸熟，倒入漏勺沥油。原锅仍上火，放油 25 克烧热，放葱段、生姜片略炒，再下香菇炒出香味，烹黄酒，接着放酱油、素鲜汤烧沸，拣出葱段、生姜片，将菱角肉放入，加白糖、精盐再度烧开，加味精，用小火烧一会儿，待入味，用湿淀粉勾芡，淋上麻油，出锅装盘即成。

功效：益气补虚，生津润燥，防癌抗癌。

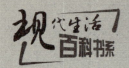

香菇豌豆苗

原料：水发香菇 250 克，嫩豌豆苗、鲜汤各 150 克，色拉油、精盐、味精各适量。

制法：将香菇洗净，去蒂。豌豆苗用清水洗净，摘成 6 厘米长的段。炒锅上中火，放油烧热，下香菇、豌豆苗、鲜汤、精盐、味精炒匀，装盘即成。

功效：补中下气，防癌抗癌。

蘑菇笋尖豆腐

原料：鲜蘑菇 150 克，笋尖、豆腐各 100 克，鲜汤 250 克，色拉油、麻油、葱花、精盐、味精、酱油、白糖、湿淀粉各适量。

制法：先将蘑菇洗净，去根，入沸水中焯一会捞出，切成厚片。笋尖洗净后切成薄片。豆腐切成小方块。入沸水锅中焯去涩味后，捞出控干水。炒锅上旺火，放油烧热，下葱花煸香，放蘑菇片、笋片、鲜汤烧沸。放入豆腐块、精盐、酱油、白糖烧沸至入味，加味精，用湿淀粉勾芡，淋上麻油即成。

功效：通利肠胃，补气益血，防癌抗癌。

草菇烧青鱼

原料：鲜草菇 100 克，青鱼肉 250 克，葱段、生姜片、精盐、味精、黄酒、酱油、色拉油、青蒜丝各适量。

制法：将鲜草菇洗净切片，青鱼肉切成段，下油锅煎至金黄色，放入葱段、生姜片、精盐、黄酒、酱油、味精，旺火烧沸后，转用小火烧煮至熟，再用旺火收汁，撒上青蒜丝。

功效：滋补养胃，防癌抗癌。

草 菇 菜 花

原料：鲜草菇 250 克，净菜花 150 克，鲜汤 500 克，精盐、黄酒、味精、葱姜油、湿淀粉各适量。

制法：将草菇剪去蒂，洗净沥干水。用刀一朵一朵地割下菜花，加工成大小相等的花瓣，放入沸水锅中焯熟后捞出，用冷水冲凉，沥净水。汤锅上旺火，倒入鲜汤，下精盐、黄酒烧沸，倒入草菇、菜花烧入味，加味精，用湿淀粉勾芡，淋入葱姜油适量，出锅即成。

功效：补虚健体，防癌抗癌。

草菇炒鱼片

原料：鲜草菇 300 克，青鱼肉 250 克，色拉油 500 克，黄酒、精盐、鸡蛋清、鲜汤、湿淀粉、葱花、生姜末各适量。

制法：将草菇去蒂洗净，切成片，入沸水锅内焯透，捞出后入冷水过凉，沥净水。青鱼肉洗净切成薄片，盛入碗中，加黄酒、精盐、鸡蛋清、味精、湿淀粉拌匀。将葱花、生姜末盛入碗内，加黄酒，味精、鲜汤和湿淀粉，调匀兑成汁。炒锅上中火，放油，烧至四成热时投入浆好的鱼片，拨散滑至七成熟时倒入漏勺内，沥去油。原锅内留底油适量，放草菇片煸炒几下，倒入鱼片，烹入对好的葱姜汁，颠翻炒匀，起锅，盛入盘中即成。

功效：滋补养胃，防癌抗癌。

平菇什锦饭

原料：鲜平菇 205 克，胡萝卜 1 根，大头菜 50 克，猪肉丝 25 克，粳米 500 克，葱花 10 克，精盐 3 克。

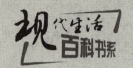

制法：将鲜平菇、胡萝卜、大头菜洗净切丝，连同肉丝一并放入锅内与淘洗好的粳米掺在一起，再加入酱油、精盐、葱花、清水适量，用中火烧至汤将干，改用小火烧至收尽汤汁成米饭。

功效：消食下气，补益抗癌。

蚝油炒三菇

原料：平菇 200 克，水发香菇 150 克，慈姑 100 克，青蒜 50 克，色拉油 30 克，精盐 1.5 克，白糖 0.5 克，味精 1 克，蚝油 25 克，鲜汤 50 克，湿淀粉 5 克，麻油 5 克。

制法：将平菇去蒂，去杂质，洗净入沸水锅中焯水，并迅速捞出用清水冷却，沥干水分，切成片。水发香菇去蒂，去杂质，洗切成片。慈姑洗净切成片。青蒜切成 3 厘米长的段。炒锅上旺火，放油烧热，投入青蒜段、慈姑片稍加煸炒，放入平菇、香菇炒匀，再加精盐、白糖、味精、蚝油、鲜汤，炒至入味，用湿淀粉勾芡，淋上麻油，起锅装盘即成。

功效：益气养血，温中健脾，防癌抗癌。

鲜 奶 平 菇

原料：平菇 1 000 克，牛奶 50 克，鲜汤 500 克，色拉油、葱、生姜、精盐、味精、麻油、湿淀粉各适量。

制法：将平菇去根后洗净，切成骨牌块，入沸水锅中略焯捞出，沥净水。葱切段，生姜切片。炒锅上火，加油烧热，下葱段、生姜片炸香，烹入鲜汤烧开，拣出葱段、生姜片，撇去浮沫，加入味精、精盐、平菇，烧 2 分钟后慢慢浇入牛奶，再烧开几沸，用湿淀粉勾成浓芡，起锅，淋入麻油，盛入盘中即成。

功效：补钙抗癌。

平 菇 海 带

原料：鲜平菇、鲜汤各 300 克，海带 150 克，葱段、生姜片、鸡油、麻油、味精、酱油、精盐各适量。

制法：将平菇去根洗净，切成长条块。海带用冷水发开后洗净，切成细丝。炒锅上火，下鸡油、葱段、生姜片，炒出香味，加入鲜汤、味精、酱油、精盐、平菇、海带，烧沸后用小火慢炖至入味，出锅装盘，拣出葱段、生姜片，淋上麻油即成。

功效：防癌抗癌，清积软坚。

四、滋补食谱

227

图书在版编目（CIP）数据

菌·藻养生手册/顾奎琴主编. —北京：农村读物出版
社，2009.11
ISBN 978-7-5048-5301-1

Ⅰ. 菌… Ⅱ. 顾… Ⅲ.①食用菌类－食物养生②藻类－
食物养生③食用菌类－保健－食谱④藻类－保健－食谱
Ⅳ. R247.1 TS972.161

中国版本图书馆 CIP 数据核字（2009）第 188469 号

责任编辑 周承刚

出 版 农村读物出版社（北京市朝阳区农展馆北路 2 号 100125）
发 行 新华书店北京发行所
印 刷 北京机工印刷厂
开 本 720mm×1000mm 1/16
印 张 15.5
字 数 163 千
版 次 2011 年 1 月第 1 版 2011 年 1 月北京第 1 次印刷
定 价 25.00 元

（凡本版图书出现印刷、装订错误，请向出版社发行部调换）